Impressum
Verlag: BABADADA GmbH, Nedderfeld 112 , 22529 Hamburg
Geschäftsführer / Verlagsleitung: Harald Hof
Druck: Books on Demand GmbH, In de Tarpen 42, 22848 Norderstedt

Imprint
Publisher: BABADADA GmbH, Nedderfeld 112 , 22529 Hamburg, Germany
Managing Director / Publishing direction: Harald Hof
Print: Books on Demand GmbH, In de Tarpen 42, 22848 Norderstedt

σχολείο
la escuela

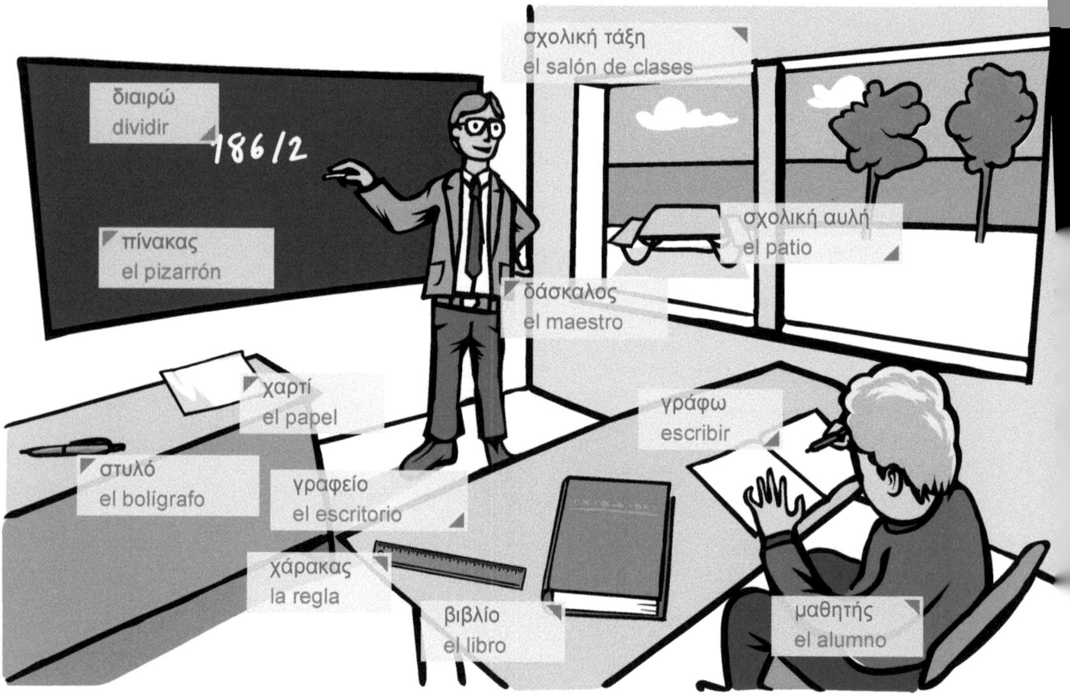
σχολική τάξη
el salón de clases
διαιρώ
dividir
186/2
πίνακας
el pizarrón
σχολική αυλή
el patio
δάσκαλος
el maestro
χαρτί
el papel
γράφω
escribir
στυλό
el bolígrafo
γραφείο
el escritorio
χάρακας
la regla
βιβλίο
el libro
μαθητής
el alumno

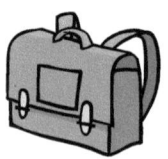

σχολική τσάντα

la mochila

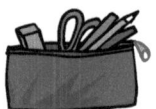

κασετίνα/ μολυβοθήκη

la caja de lápices

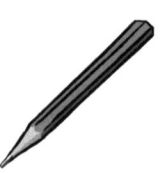

μολύβι

el lápiz

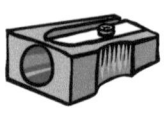

ξύστρα

el sacapuntas

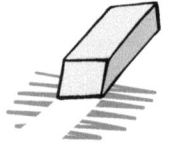

γόμα

la goma de borrar

μπλοκ ζωγραφικής

el bloc de dibujo

ζωγραφική
el dibujo

πινέλο
el pincel

κουτί χρωμάτων
la caja de lápices de color

ψαλίδι
las tijeras

κόλλα
el pegamento

τετράδιο ασκήσεων
el libro de ejercicios

εργασία για το σπίτι
la tarea

αριθμός
el número

προσθέτω
sumar

αφαιρώ
restar

πολλαπλασιάζω
multiplicar

υπολογίζω
calcular

γράμμα
la letra

αλφάβητο
el alfabeto

λέξη
la palabra

κείμενο

el texto

διαβάζω

leer

κιμωλία

la tiza

μάθημα

la lección

εγγράφομαι

el cuaderno de clase

τεστ

el examen

πιστοποιητικό

el certificado

μαθητική στολή

el uniforme

εκπαίδευση

la educación

εγκυκλοπαίδεια

la enciclopedia

πανεπιστήμιο

la universidad

μικροσκόπιο

el microscopio

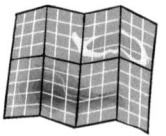

χάρτης

el mapa

καλάθι αχρήστων

el bote de basura

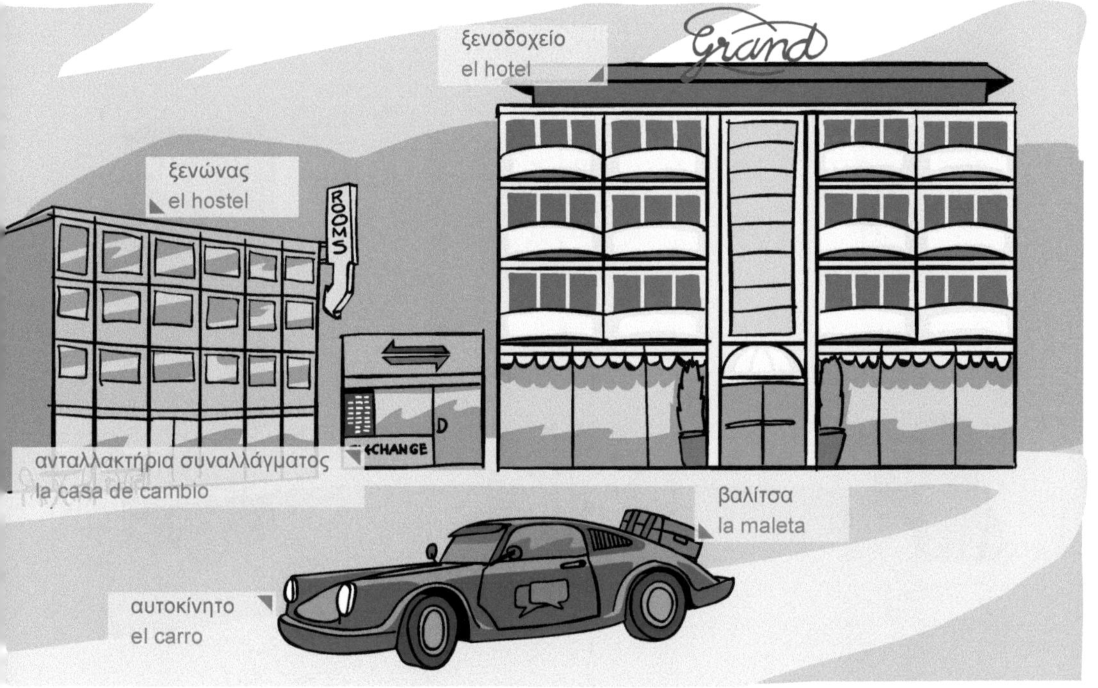

ξενοδοχείο
el hotel
Grand
ξενώνας
el hostel
ROOMS
EXCHANGE
ανταλλακτήρια συναλλάγματος
la casa de cambio
βαλίτσα
la maleta
αυτοκίνητο
el carro

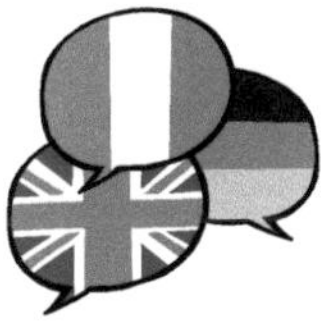

γλώσσα

el idioma

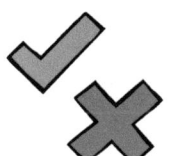

ναι / όχι

sí / no

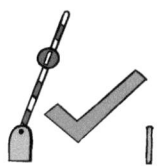

εντάξει

Órale

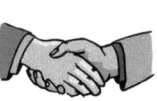

γεια σου

hola

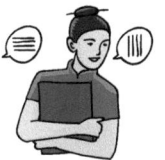

μεταφραστής

el traductor

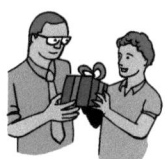

Ευχαριστώ

Gracias

πόσο κάνει ;

¿cuánto cuesta...?

Δε καταλαβαίνω

No entiendo

πρόβλημα

el problema

Καλησπέρα!

¡Buenas tardes!

Καλημέρα!

¡Buenos días!

Καληνύχτα!

¡Buenas noches!

Αντίο

adiós

κατεύθυνση

la dirección

αποσκευές

el equipaje

τσάντα

la bolsa

σακίδιο πλάτης

la mochila

καλεσμένος

el invitado

δωμάτιο

la recámara

υπνόσακος

la bolsa de dormir

σκηνή

la tienda de campaña

τουριστικές πληροφορίες

la información turística

παραλία

la playa

πιστωτική κάρτα

la tarjeta de crédito

πρωινό

el desayuno

μεσημεριανό

el almuerzo

δείπνο

la cena

εισιτήριο

el billete

ανελκυστήρας

el ascensor

γραμματόσημο

el sello

σύνορα

la frontera

τελωνείο

la aduana

πρεσβεία

la embajada

βίζα

la visa

διαβατήριο

el pasaporte

μεταφορά
el transporte

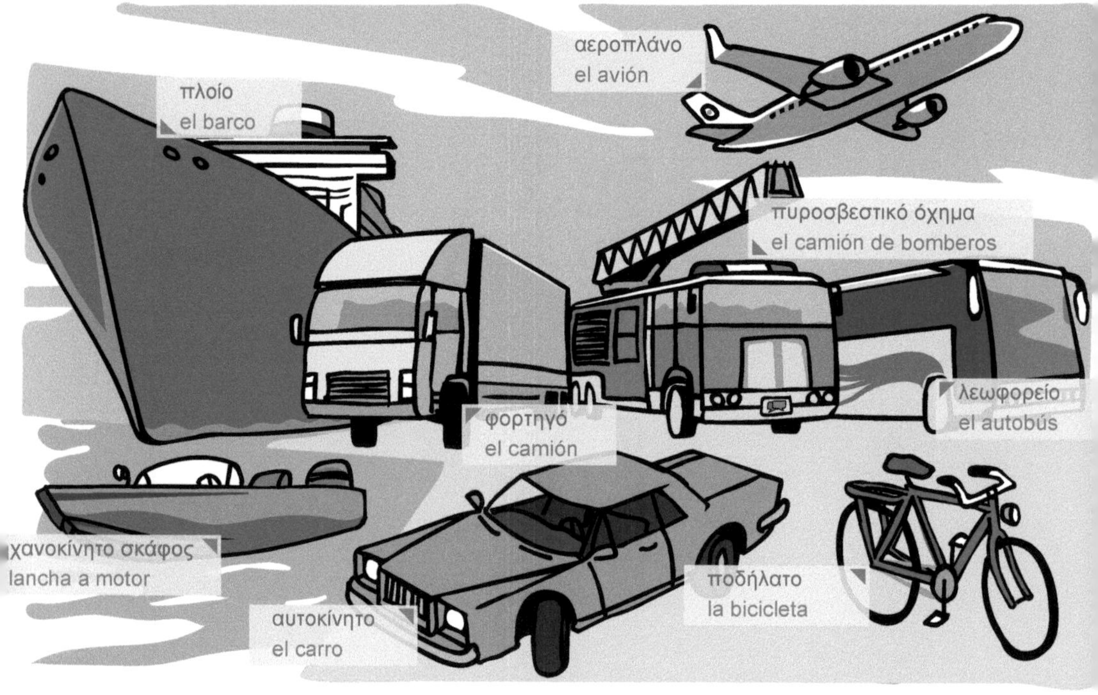

αεροπλάνο
el avión
πλοίο
el barco
πυροσβεστικό όχημα
el camión de bomberos
λεωφορείο
el autobús
φορτηγό
el camión
χανοκίνητο σκάφος
lancha a motor
ποδήλατο
la bicicleta
αυτοκίνητο
el carro

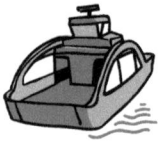

φεριμπότ

el ferry

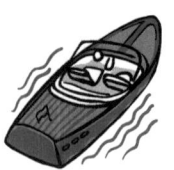

βάρκα

el bote

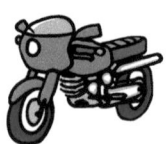

μοτοσικλέτα

la motocicleta

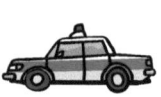

περιπολικό

la patrulla

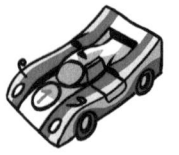

αγωνιστικό αυτοκίνητο

el coche de carreras

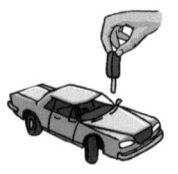

ενοικιαζόμενο αυτοκίνητο

el auto para rentar

διαμοιρασμός αυτοκινήτων

la renta de autos

γερανός

la grúa

απορριμματοφόρο

el camión recolector de basura

κινητήρας

el motor

καύσιμο

la gasolina

βενζινάδικο

la gasolinera

πινακίδα σήμανσης

la señal de tráfico

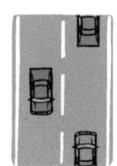

κυκλοφορία

el tránsito

κυκλοφοριακή συμφόρηση

el embotellamiento

χώρος στάθμευσης

el aparcamiento

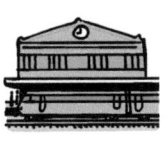

σιδηροδρομικός σταθμός

la estación de tren

σιδηροδρομικές γραμμές

las vías

τρένο

el tren

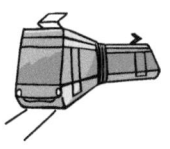

τραμ

el tranvía

βαγόνι

el vagón

ελικόπτερο

el helicóptero

αεροδρόμιο

el aeropuerto

πύργος

la torre

επιβάτης

el pasajero

εμπορευματοκιβώτιο

el contenedor

χαρτοκιβώτιο

la caja de cartón

καρότσι

la carretilla

καλάθι

la cesta

απογειώνομαι /
προσγειόνομαι

despegar / aterrizar

πόλη
la ciudad

χωριό

el pueblo

κέντρο της πόλης

el centro de la ciudad

σπίτι

la casa

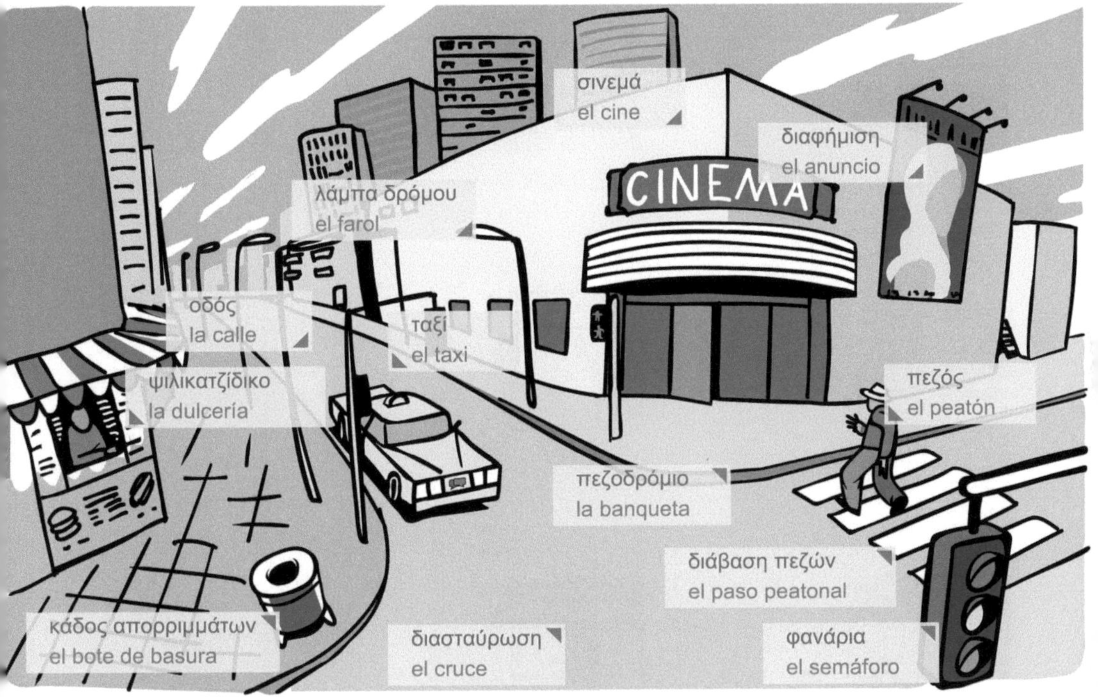

σινεμά
el cine
CINEMA
διαφήμιση
el anuncio
λάμπα δρόμου
el farol
οδός
la calle
ταξί
el taxi
ψιλικατζίδικο
la dulcería
πεζός
el peatón
πεζοδρόμιο
la banqueta
διάβαση πεζών
el paso peatonal
κάδος απορριμμάτων
el bote de basura
διασταύρωση
el cruce
φανάρια
el semáforo

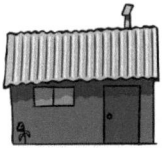

καλύβα

la cabaña

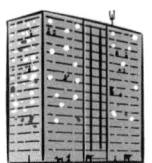

διαμέρισμα

el apartamento

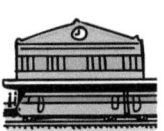

σιδηροδρομικός σταθμός

la estación de tren

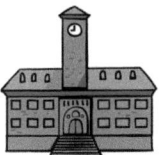

δημαρχείο

el ayuntamiento

MUSEUM

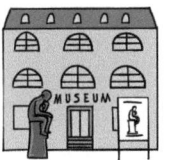

μουσείο

el museo

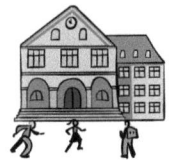

σχολείο

la escuela

πανεπιστήμιο

la universidad

τράπεζα

el banco

νοσοκομείο

el hospital

ξενοδοχείο

el hotel

φαρμακείο

la farmacia

γραφείο

la oficina

βιβλιοπωλείο

la librería

κατάστημα

la tienda

ανθοπωλείο

la florería

σούπερ μάρκετ

el supermercado

αγορά

el mercado

πολυκατάστημα

las grandes tiendas

ιχθυοπωλείο

la pescadería

εμπορικό κέντρο

el centro comercial

λιμάνι

el puerto

πάρκο

el parque

παγκάκι

el banco

γέφυρα

el puente

σκάλες

las escaleras

μετρό

el metro

τούνελ

el túnel

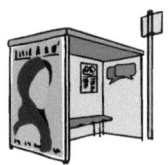

στάση λεωφορείου

la parada de autobús

μπαρ

el bar

εστιατόριο

el restaurante

γραμματοκιβώτιο

el buzón

πινακίδα δρόμου

el letrero

παρκόμετρο

el parquímetro

ζωολογικός κήπος

el zoológico

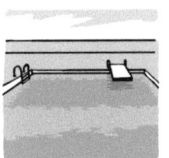

πισίνα

la alberca

τζαμί

la mezquita

αγρόκτημα

la granja

ρύπανση

la contaminación

νεκροταφείο

el cementerio

εκκλησία

la iglesia

παιδική χαρά

el área de niños

ναός

el templo

τοπίο

el paisaje

φύλλο
la hoja

πινακίδα κατεύθυνσης
la señal

δρόμος
el camino

λιβάδι
la pradera

πέτρα
la piedra

δέντρο
el árbol

πεζοπόρος
el caminante

ποτάμι
el río

χορτάρι
el pasto

λουλούδι
la flor

κοιλάδα

el valle

λόφος

la montaña

λίμνη

el lago

δάσος

el bosque

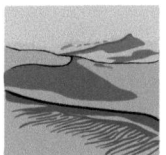

έρημος

el desierto

ηφαίστειο

el volcán

κάστρο

el castillo

ουράνιο τόξο

el arco iris

μανιτάρι

el champiñón

φοίνικας

la palmera

κουνούπι

el mosquito

μύγα

la mosca

μυρμήγκι

la hormiga

μέλισσα

la abeja

αράχνη

la araña

σκαθάρι

el escarabajo

βάτραχος

la rana

σκίουρος

la ardilla

σκαντζόχοιρος

el erizo

λαγός

la liebre

κουκουβάγια

la lechuza

πουλί

el pájaro

κύκνος

el cisne

αγριογούρουνο

el jabalí

ελάφι

el ciervo

άλκη

el alce

φράγμα

el embalse

ανεμογεννήτρια

la turbina eólica

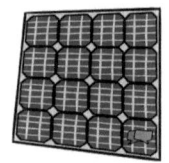

ηλιακός συλλέκτης

el panel solar

κλίμα

el clima

εστιατόριο
el restaurante

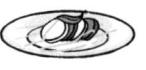

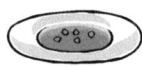

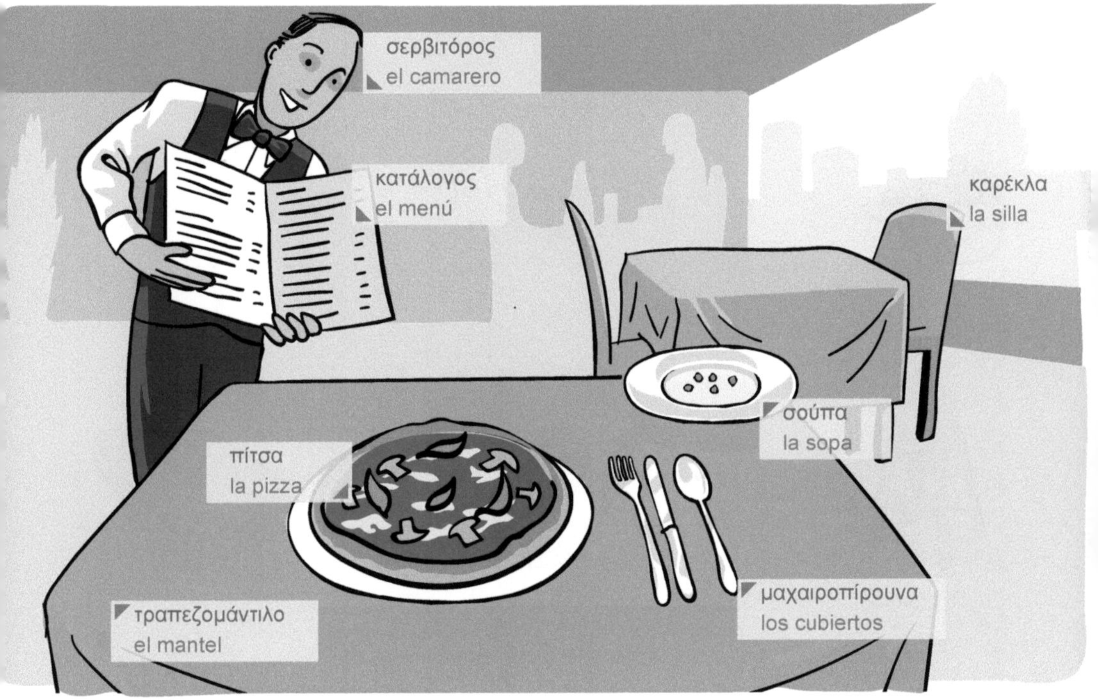

σερβιτόρος
el camarero
κατάλογος
el menú
καρέκλα
la silla
σούπα
la sopa
πίτσα
la pizza
μαχαιροπίρουνα
los cubiertos
τραπεζομάντιλο
el mantel

ορεκτικό

la entrada

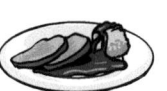

κύριο πιάτο

el plato fuerte

επιδόρπιο

el postre

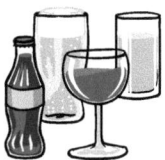

ποτά

las bebidas

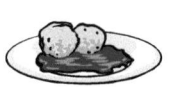

φαγητό

la comida

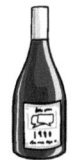

μπουκάλι

la botella

φαστ φουντ

la comida rápida

φαγητό στ' όρθιο

la comida de la calle

τσαγιέρα

la tetera

δοχείο ζάχαρης

la azucarera

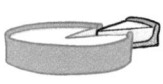

μερίδα

la porción

μηχανή εσπρέσο

la cafetera espresso

ψηλή καρέκλα

la periquera

λογαριασμός

la cuenta

δίσκος

la charola

μαχαίρι

el cuchillo

πιρούνι

el tenedor

κουτάλι

la cuchara

κουταλάκι του τσαγιού

la cuchara de té

πετσέτα φαγητού

la servilleta

ποτήρι

el vaso

πιάτο

el plato

πιάτο σούπας

el plato hondo

πιατάκι φλιτζανιού

el plato

σάλτσα

la salsa

αλατιέρα

el salero

μύλος για πιπέρι

el molino para pimienta

ξύδι

el vinagre

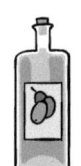

λάδι

el aceite

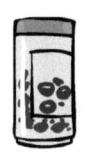

μπαχαρικά

las especias

κέτσαπ

el kétchup

μουστάρδα

la mostaza

μαγιονέζα

la mayonesa

σούπερ μάρκετ
el supermercado

προσφορά
la oferta especial
FOR
πελάτης
el cliente
γαλακτοκομικά προϊόντα
los productos lácteos
φρούτα
la fruta
καρότσι για ψώνια
el carrito para compras

BUTCHERS

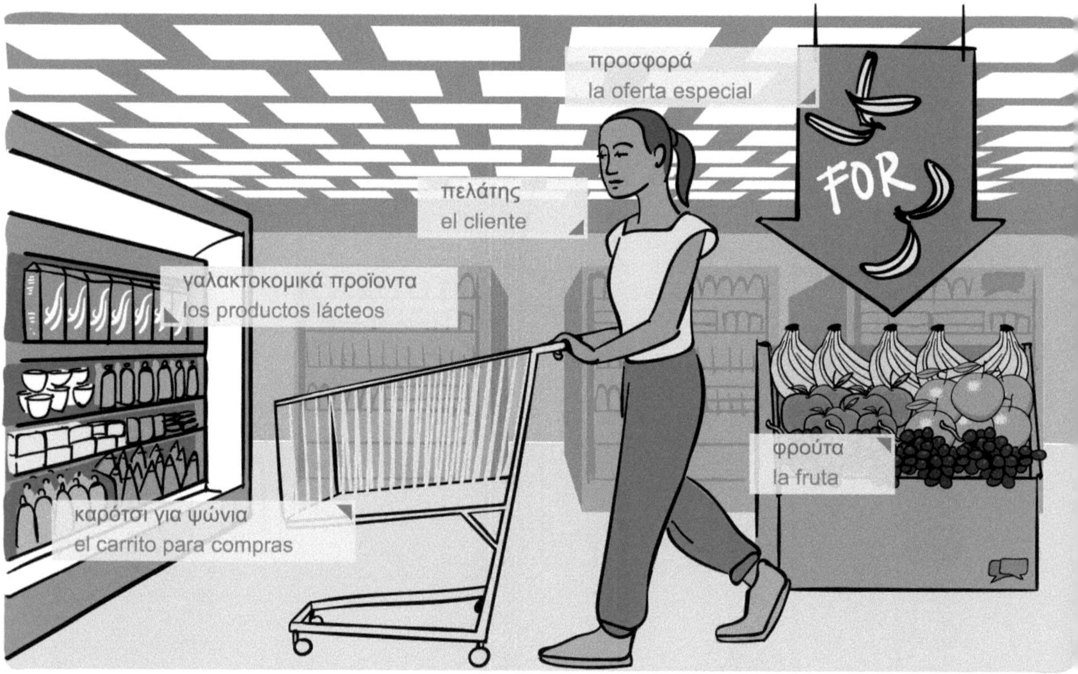

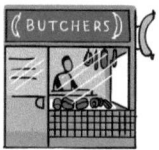

κρεοπωλείο

la carnicería

BAKERY

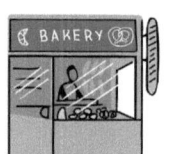

φούρνος

la panadería

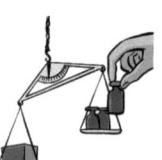

ζυγίζω

pesar

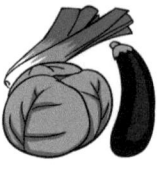

λαχανικά

los vegetales

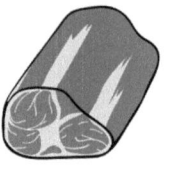

κρέας

la carne

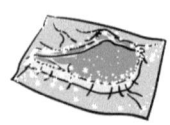

κατεψυγμένα τρόφιμα

los alimentos congelados

αλλαντικά

las carnes frías

κονσερβοποιημένη τροφή

los alimentos enlatados

απορρυπαντικό ρούχων

el detergente en polvo

γλυκά

los dulces

οικιακά είδη

los electrodomésticos

καθαριστικά προϊόντα

productos de limpieza

πωλήτρια

la vendedora

ταμείο

la caja

ταμίας

el cajero

λίστα για ψώνια

la lista de compras

ωράριο λειτουργίας

el horario de atención al
público

πορτοφόλι

la cartera

πιστωτική κάρτα

la tarjeta de crédito

τσάντα

la bolsa

πλαστική σακούλα

la bolsa de plástico

ποτά

las bebidas

νερό

el agua

χυμός

el jugo

γάλα

la leche

κόκα κόλα

el refresco de cola

κρασί

el vino

μπίρα

la cerveza

αλκοόλ

el alcohol

κακάο

el cacao

τσάι

el té

καφές

el café

εσπρέσο

el espresso

καπουτσίνο

el cappuccino

μπανάνα

el plátano

μήλο

la manzana

πορτοκάλι

la naranja

πεπόνι

el melón

λεμόνι

el limón

καρότο

la zanahoria

σκόρδο

el ajo

μπαμπού

el bambú

κρεμμύδι

la cebolla

μανιτάρι

el champiñón

ξηροί καρποί

las nueces

νουντλς

los fideos

μακαρόνια

los espaguetis

ρύζι

el arroz

σαλάτα

la ensalada

πατατάκια

las patatas fritas

τηγανητές πατάτες

las patatas fritas

πίτσα

la pizza

χάμπουργκερ

la hamburguesa

σάντουιτς

el emparedado

κοτολέτα

el filete

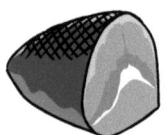

ζαμπόν

el jamón

σαλάμι

el salami

λουκάνικο

la salchicha

κοτόπουλο

el pollo

ψητό

el asado

ψάρι

el pescado

χυλός βρώμης

los copos de avena

μούσλι

el muesli

κορν φλέικς

los copos de maíz

αλεύρι

la harina

κρουασάν

el cuernito

ψωμάκι

el bolillo

ψωμί

el pan

τοστ

la tostada

μπισκότα

las galletas

βούτυρο

la mantequilla

τυρόπηγμα

la cuajada

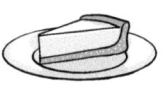

κέικ

el pastel

αυγό

el huevo

τηγανητό αυγό

el huevo frito

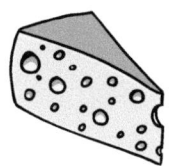

τυρί

el queso

παγωτό

el helado

ζάχαρη

el azúcar

μέλι

la miel

μαρμελάδα

la mermelada

άλλειμμα σοκολάτας

la crema de chocolate

κάρυ

el curry

αγρόκτημα
la granja

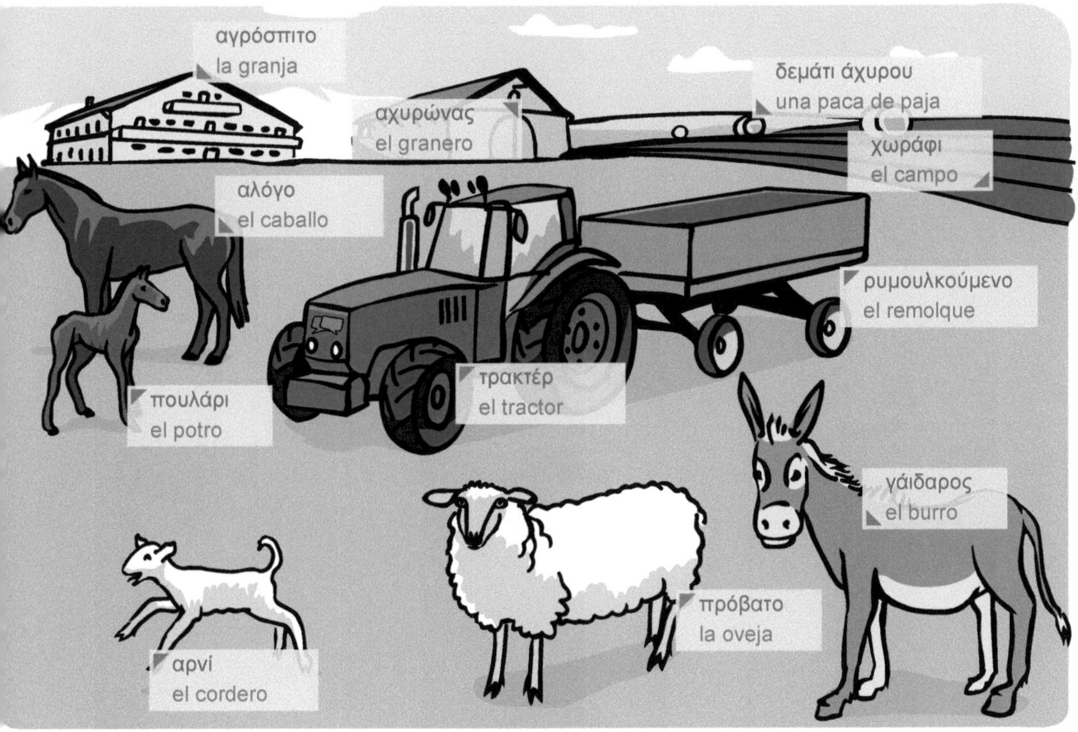
αγρόσπιτο
la granja
αχυρώνας
el granero
δεμάτι άχυρου
una paca de paja
χωράφι
el campo
αλόγο
el caballo
ρυμουλκούμενο
el remolque
τρακτέρ
el tractor
πουλάρι
el potro
γάιδαρος
el burro
πρόβατο
la oveja
αρνί
el cordero

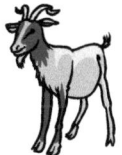

κατσίκα

la cabra

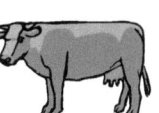

αγελάδα

la vaca

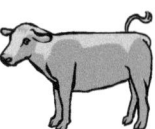

μοσχαράκι

el ternero

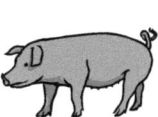

γουρούνι

el cerdo

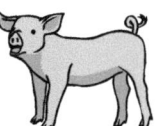

γουρουνάκι

el lechón

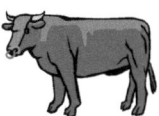

ταύρος

el toro

χήνα
el ganso

πάπια
el pato

κοτοπουλάκι
el pollo

κότα
la gallina

κόκορας
el gallo

αρουραίος
la rata

γάτα
el gato

ποντίκι
el ratón

βόδι
el buey

σκύλος
el perro

σπιτάκι σκύλου
la casa del perro

λάστιχο κήπου
la manguera

ποτιστήρι
la regadera

θεριστήρι
la guadaña

αλέτρι
el arado

δρεπάνι

la hoz

τσάπα

el azadón

δίκρανο

la horquilla

τσεκούρι

el hacha

χειράμαξα

la carretilla

ταΐστρα

el bebedero

δοχείο γάλακτος

el bote de leche

σάκος

el saco

φράχτης

la valla

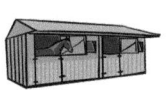

στάβλος

el establo

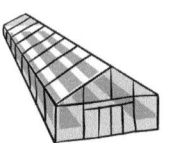

θερμοκήπιο

el invernadero

έδαφος

el suelo

σπόρος

la semilla

λίπασμα

el fertilizador

θεριζοαλωνιστική μηχανή

la cosechadora

θερίζω

cosechar

συγκομιδή

la cosecha

γιαμς

el camote

σιτάρι

el trigo

σόγια

la soja

πατάτα

la patata

καλαμπόκι

el maíz

κράμβη

la semilla de colza

οπωροφόρο δέντρο

el árbol frutal

μανιόκα

la mandioca

δημητριακά

las cereales

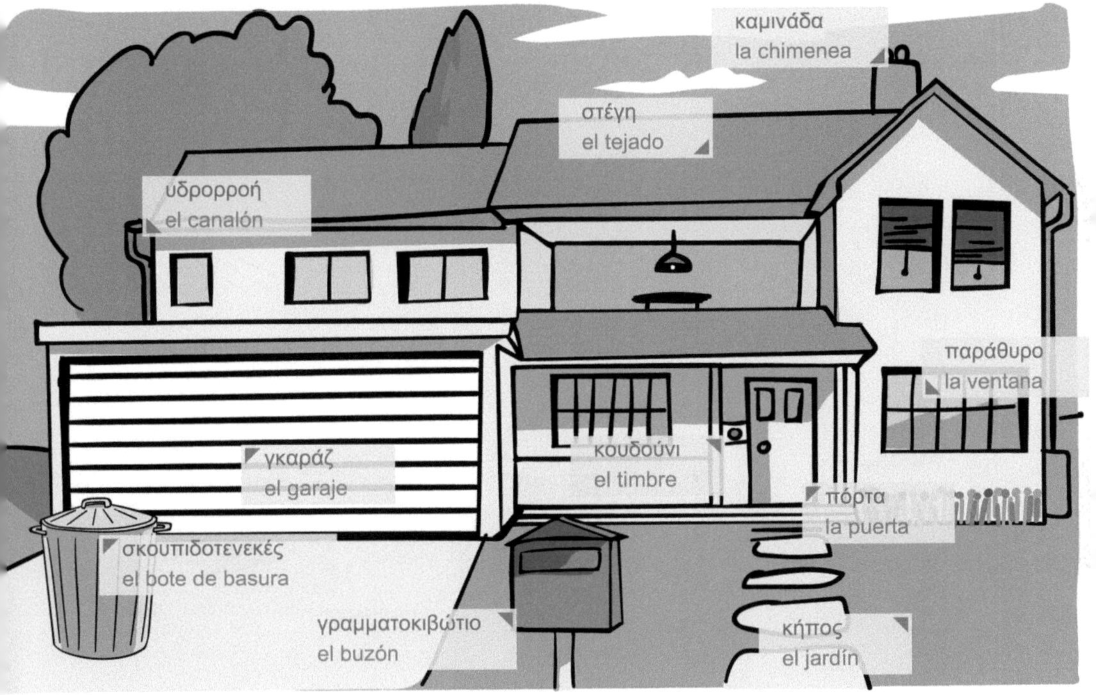

καμινάδα
la chimenea

στέγη
el tejado

υδρορροή
el canalón

παράθυρο
la ventana

γκαράζ
el garaje

κουδούνι
el timbre

πόρτα
la puerta

σκουπιδοτενεκές
el bote de basura

γραμματοκιβώτιο
el buzón

κήπος
el jardín

σαλόνι
la estancia

μπάνιο
el baño

κουζίνα
la cocina

υπνοδωμάτιο
la recámara

παιδικό δωμάτιο
la recámara de los niños

τραπεζαρία
el comedor

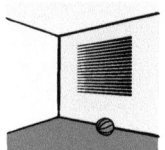

πάτωμα

el suelo

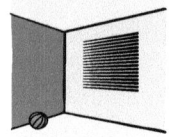

τοίχος

la pared

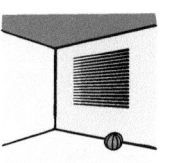

οροφή

el techo

κελάρι

el sótano

σάουνα

el sauna

μπαλκόνι

el balcón

βεράντα

la terraza

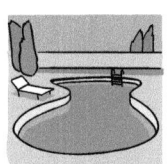

πισίνα

la alberca

μηχανή του γκαζόν

el cortacésped

σεντόνι

la sábana

κάλυμμα κρεβατιού

la colcha

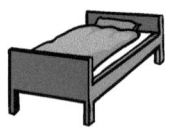

κρεβάτι

la cama

σκούπα

la escoba

κουβάς

el balde

διακόπτης

el interruptor

σαλόνι
la estancia

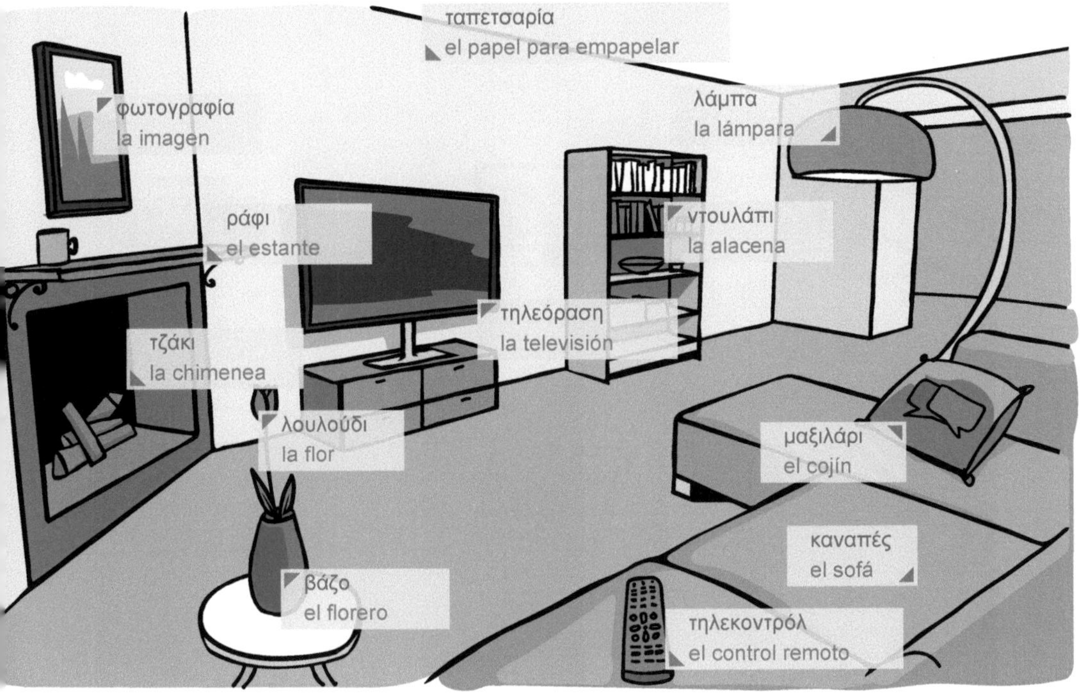
ταπετσαρία
el papel para empapelar
φωτογραφία
la imagen
λάμπα
la lámpara
ράφι
el estante
ντουλάπι
la alacena
τηλεόραση
la televisión
τζάκι
la chimenea
λουλούδι
la flor
μαξιλάρι
el cojín
καναπές
el sofá
βάζο
el florero
τηλεκοντρόλ
el control remoto

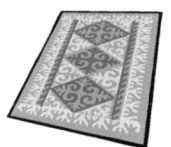

χαλί

la alfombra

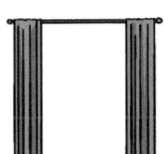

κουρτίνα

la cortina

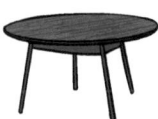

τραπέζι

la mesa

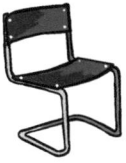

καρέκλα

la silla

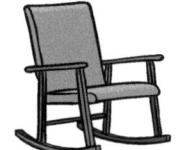

κουνιστή πολυθρόνα

la mecedora

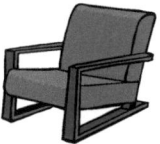

πολυθρόνα

el sillón

βιβλίο

el libro

κουβέρτα

la frazada

διακόσμηση

la decoración

καυσόξυλα

la leña

ταινία

la película

στερεοφωνικό σύστημα

el equipo de música

κλειδί

la llave

εφημερίδα

el periódico

πίνακας ζωγραφικής

la pintura

αφίσα

el póster

ραδιόφωνο

la radio

σημειωματάριο

el cuaderno

ηλεκτρική σκούπα

la aspiradora

κάκτος

el cactus

κερί

la vela

κουζίνα
la cocina

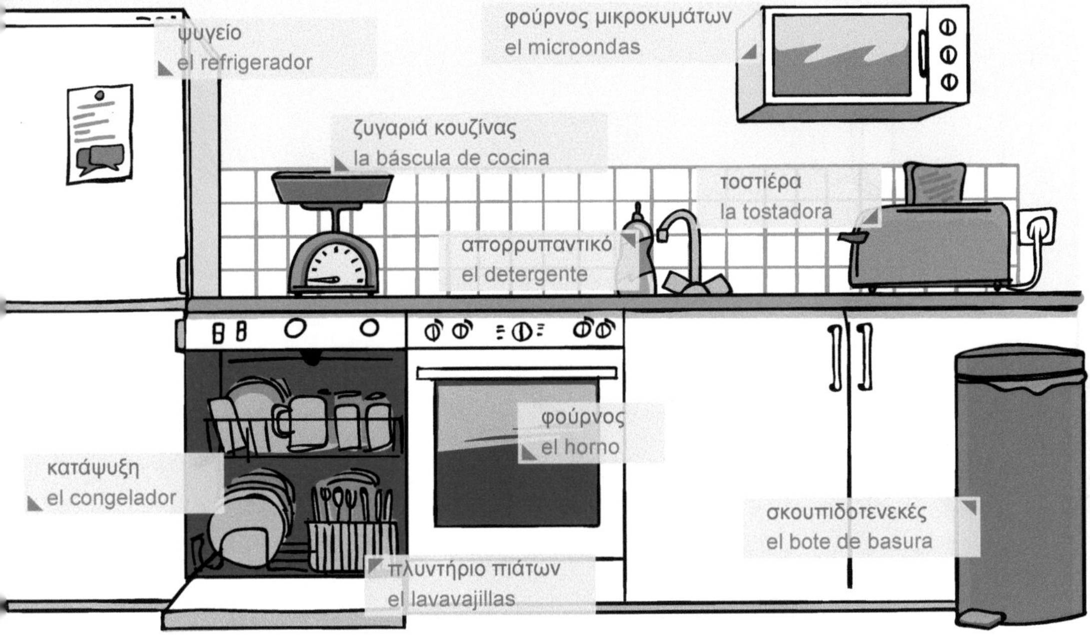

ψυγείο
el refrigerador
φούρνος μικροκυμάτων
el microondas
ζυγαριά κουζίνας
la báscula de cocina
τοστιέρα
la tostadora
απορρυπαντικό
el detergente
φούρνος
el horno
κατάψυξη
el congelador
σκουπιδοτενεκές
el bote de basura
πλυντήριο πιάτων
el lavavajillas

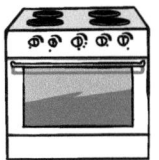

κουζίνα

la olla a presión

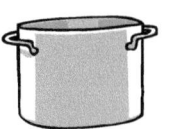

κατσαρόλα

la olla

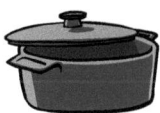

μαντεμένια κατσαρόλα

la olla de hierro fundido

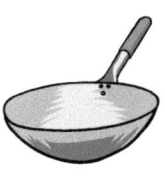

γουόκ/καντάι

el wok

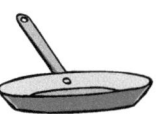

τηγάνι

la sartén

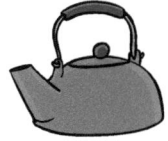

βραστήρας

el hervidor

ατμομάγειρας

la vaporera

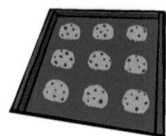

ταψί

la charola de horno

πιατικά

la loza

κούπα

la taza

μπολ

el bol

ξυλάκια

los palillos

κουτάλα

el cucharón

σπάτουλα

la espátula

ανακατεύω

la batidora

σουρωτήρι

el colador

σουρωτηράκι

el colador

τρίφτης

el rallador

γουδί

el mortero

ψησταριά

la barbacoa

ανοιχτή φωτιά

la fogata

σανίδα κοπής

la tabla para picar

πλάστης

el rodillo para amasar

ανοιχτήρι φελλών

el sacacorchos

κονσέρβα

la lata

ανοιχτήρι κονσέρβας

el abrelatas

γάντι φούρνου

el guante de cocina

νεροχύτης

el fregadero

βούρτσα

el cepillo

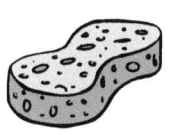

σφουγγάρι

la esponja

μπλέντερ

la batidora

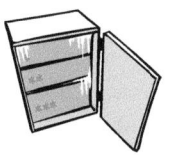

καταψύκτης

el congelador

μπιμπερό

el biberón

βρύση

la llave

κουζίνα - la cocina

μπάνιο
el baño

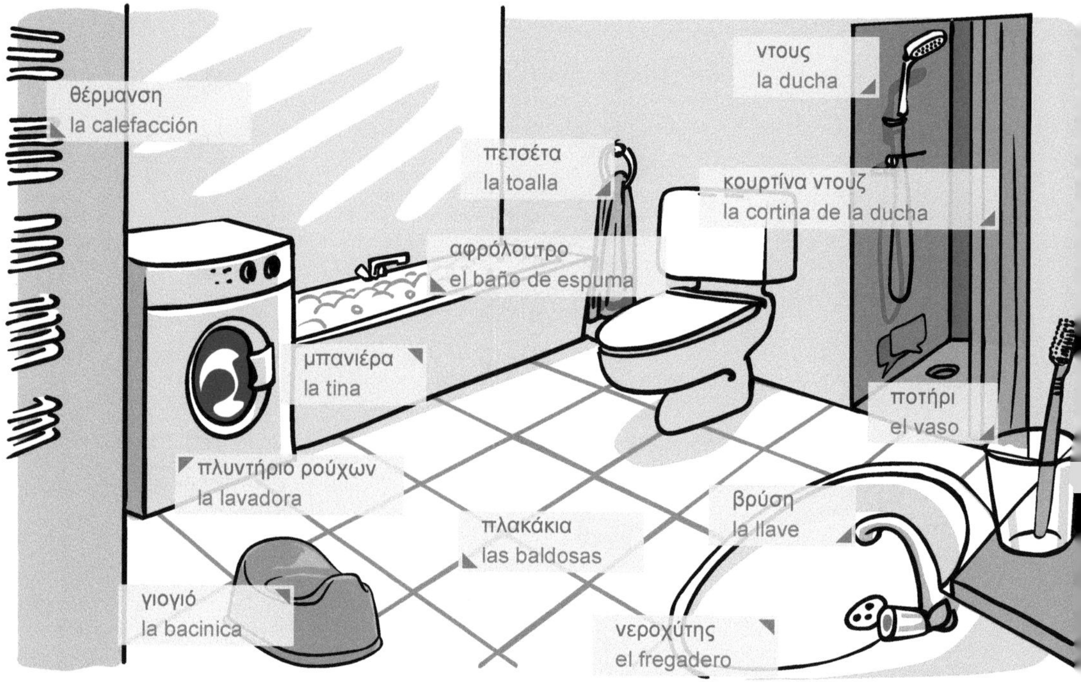

θέρμανση
la calefacción
ντους
la ducha
πετσέτα
la toalla
κουρτίνα ντουζ
la cortina de la ducha
αφρόλουτρο
el baño de espuma
μπανιέρα
la tina
ποτήρι
el vaso
πλυντήριο ρούχων
la lavadora
βρύση
la llave
πλακάκια
las baldosas
γιογιό
la bacinica
νεροχύτης
el fregadero

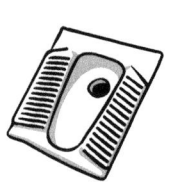

τουαλέτα

el inodoro

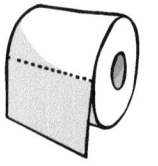

τούρκικη τουαλέτα

la letrina

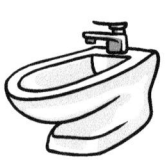

μπιντές

el bidé

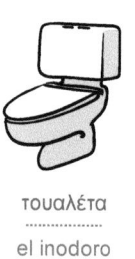

ουρητήριο

el mingitorio

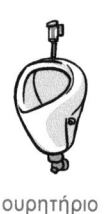

χαρτί υγείας

el papel higiénico

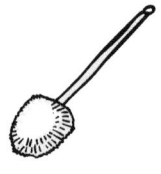

πιγκάλ

el cepillo para baño

οδοντόβουρτσα

el cepillo de dientes

οδοντόκρεμα

la pasta dental

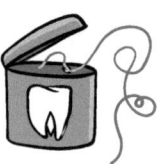

οδοντικό νήμα

el hilo dental

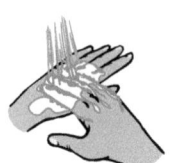

πλένω

lavar

τηλέφωνο ντους

la ducha de mano

ντουσιέρα

la ducha vaginal

λεκάνη

el fregadero

βούρτσα πλάτης

el cepillo de espalda

σαπούνι

el jabón

αφρόλουτρο

el gel de ducha

σαμπουάν

el champú

φανέλα

la toallita

σιφόνι

el drenaje

κρέμα

la crema

αποσμητικό

el desodorante

καθρέφτης

el espejo

καθρέφτης χειρός

el espejo de tocador

ξυραφάκι

la máquina para afeitar

αφρός ξυρίσματος

la espuma de afeitar

αφτερσέιβ

la loción para después de afeitar

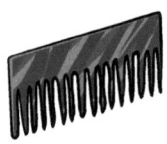

χτένα

el peine

βούρτσα

el cepillo

σεσουάρ

la secadora

λακ

la laca

μακιγιάζ

el maquillaje

κραγιόν

el lápiz labial

βερνίκι νυχιών

el esmalte para uñas

βαμβάκι

el algodón

ψαλίδι νυχιών

las tijeras para uñas

άρωμα

el perfume

νεσεσέρ

el estuche para cosméticos

σκαμπό

el taburete

ζυγαριά

la báscula

μπουρνούζι

la bata

ελαστικά γάντια

los guantes de goma

ταμπόν

el tampón

πετσέτα υγιεινής

la toalla sanitaria

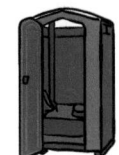

χημική τουαλέτα

el baño móvil

παιδικό δωμάτιο
la recámara de los niños

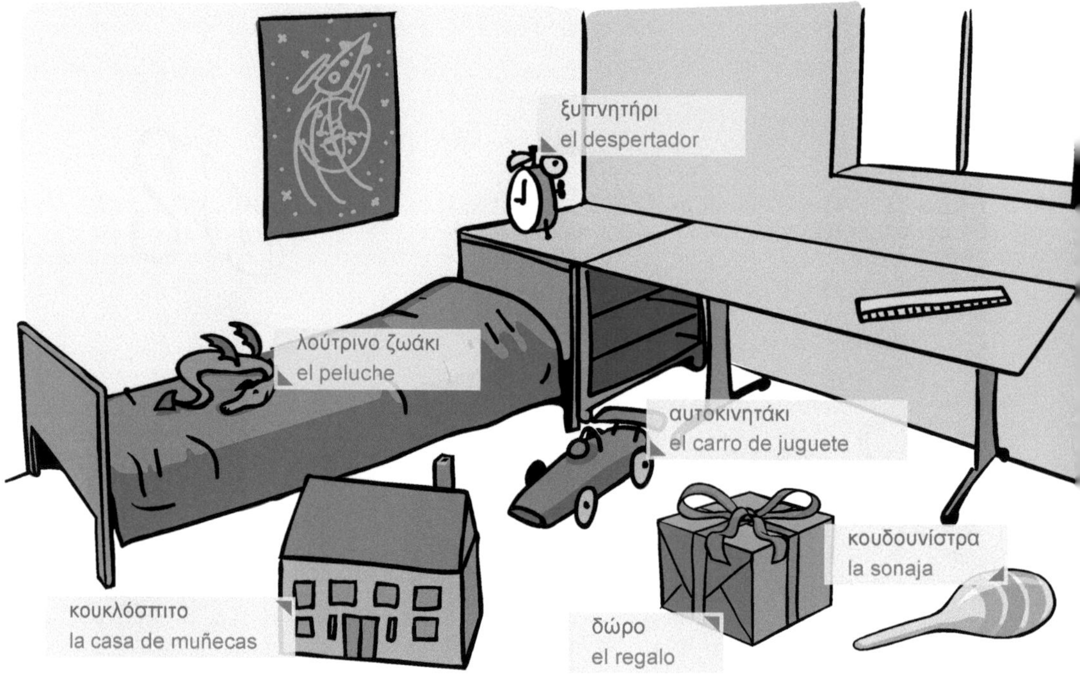
ξυπνητήρι
el despertador
λούτρινο ζωάκι
el peluche
αυτοκινητάκι
el carro de juguete
κουδουνίστρα
la sonaja
κουκλόσπιτο
la casa de muñecas
δώρο
el regalo

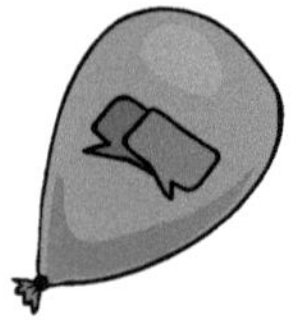

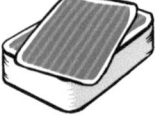

μπαλόνι

el globo

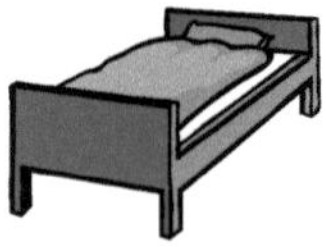

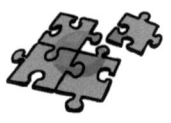

κρεβάτι

la cama

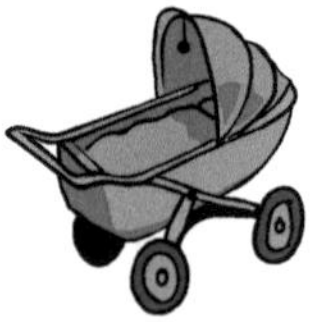

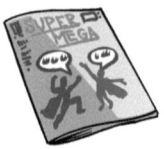

καροτσάκι

la carriola

τράπουλα

las cartas

παζλ

el rompecabezas

SUPER
MEGA

κόμικς

el cómic

τουβλάκια lego

las piezas de lego

τουβλάκια κατασκευών

los bloques para jugar

φιγούρα δράσης

la figura de acción

βρεφικό φορμάκι

el mameluco

φρίσμπι

el frisbee

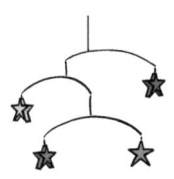

μόμπιλο

el móvil para bebés

επιτραπέζιο παιχνίδι

el juego de mesa

ζάρια

los dados

σετ τρενάκι

el tren eléctrico

πιπίλα

el maniquí

πάρτι

la fiesta

εικονογραφημένο βιβλίο

el álbum de fotos

μπάλα

el balón

κούκλα

la muñeca

παίζω

jugar

σκάμμα με άμμο

el arenero

κούνια

el columpio

παιχνίδια

los juguetes

κονσόλα βιντεοπαιχνιδιών

la consola de videojuegos

τρίκυκλο

el triciclo

αρκουδάκι

el oso de peluche

ντουλάπα

el clóset

ρούχα

la ropa

κάλτσες

los calcetines

καλτσοδέτες

las pantimedias

καλσόν

las mallas

κασκόλ
la bufanda

ομπρέλα
el paraguas

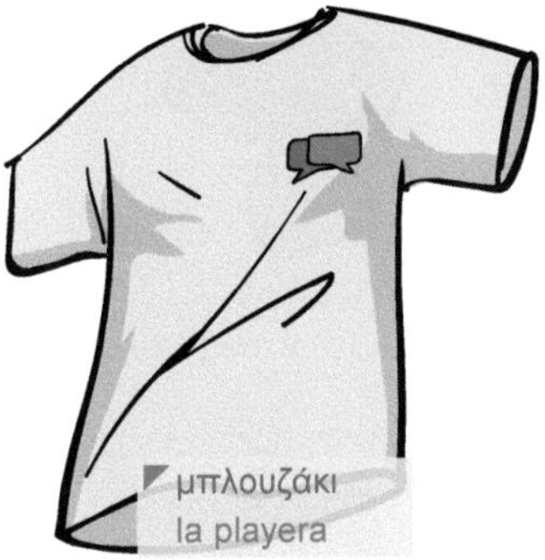

μπλουζάκι
la playera

ζώνη
el cinto

παντόφλες
las chanclas

μπότες
las botas

αθλητικά παπούτσια
los tenis

σανδάλια
....
las sandalias

παπούτσια
....
los zapatos

γαλότσες
....
las botas de goma

εσώρουχο
....
la ropa interior

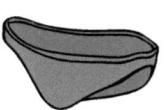

σουτιέν
....
el brasier

φανέλα
....
el chaleco

ρούχα - la ropa

σώμα

el body

παντελόνι

los pantalones

τζιν παντελόνι

los pantalones de mezclilla

φούστα

la falda

μπλούζα

la blusa

πουκάμισο

la camisa

πουλόβερ

el suéter

πουλόβερ

la sudadera

σακάκι

el saco sport

μπουφάν

la chamarra

παλτό

el abrigo

αδιάβροχο πανωφόρι

el impermeable

κοστούμι

el traje

φόρεμα

el vestido

νυφικό

el vestido de novia

κοστούμι

el traje

νυχτικό

el camisón

πιτζάμες

el pijama

σάρι

el sari

μαντήλι

el pañuelo para la cabeza

τουρμπάνι

el turbante

μπούρκα

la burka

καφτάνι

el caftán

μουσουλμανικό ένδυμα

la abaya

ολόσωμο μαγιό

el traje de baño

ανδρικό μαγιό

el short de baño

σορτς

los shorts

αθλητική φόρμα

los pants

ποδιά

el delantal

γάντια

los guantes

κουμπί

el botón

γυαλιά

las gafas

βραχιόλι

el brazalete

περιδέραιο

el collar

δαχτυλίδι

el anillo

σκουλαρίκι

el arete

καπέλο

la gorra

κρεμάστρα

el gancho

καπέλο

el sombrero

γραβάτα

la corbata

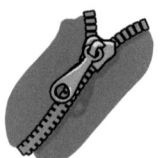

φερμουάρ

el cierre

κράνος

el casco

τιράντες

los tirantes

μαθητική στολή

el uniforme

στολή

el uniforme

σαλιάρα

el babero

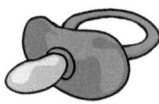

πιπίλα

el maniquí

πάνα

el pañal

γραφείο
la oficina

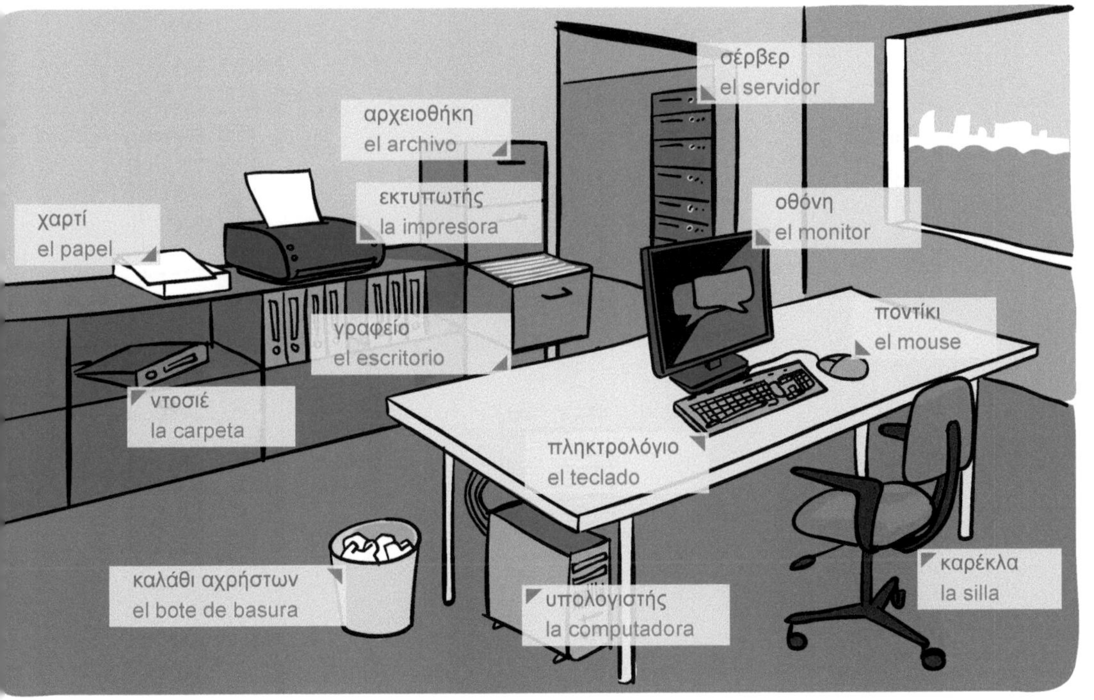

σέρβερ
el servidor

αρχειοθήκη
el archivo

εκτυπωτής
la impresora

οθόνη
el monitor

χαρτί
el papel

ποντίκι
el mouse

γραφείο
el escritorio

ντοσιέ
la carpeta

πληκτρολόγιο
el teclado

καλάθι αχρήστων
el bote de basura

καρέκλα
la silla

υπολογιστής
la computadora

κούπα του καφέ

la taza de café

κομπιουτεράκι

la calculadora

ίντερνετ

el internet

λάπτοπ

la notebook

γράμμα

la carta

μήνυμα

el mensaje

κινητό

el móvil

δίκτυο

la red

φωτοτυπικό μηχάνημα

la fotocopiadora

λογισμικό

el software

τηλέφωνο

el teléfono

πρίζα

el tomacorriente

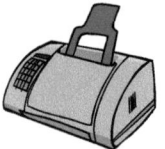

συσκευή φαξ

el fax

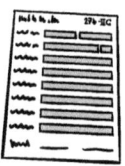

έντυπο

el formulario

έγγραφο

el documento

αγοράζω

comprar

πληρώνω

pagar

συναλλάσσομαι

hacer negocios

χρήματα

el dinero

δολάριο

el dólar

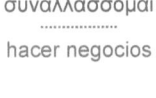

ευρώ

el euro

γιεν

el yen

ρούβλι

el rublo

ελβετικό φράγκο

el franco suizo

ρενμίνμπι γιουάν

el yuan

ρουπία

la rupia

ATM (αυτόματη ταμειακή μηχανή)

el cajero automático

ανταλλακτήρια
συναλλάγματος

la casa de cambio

χρυσός

el oro

ασήμι

la plata

πετρέλαιο

el petróleo

ενέργεια

la energía

τιμή

el precio

συμβόλαιο

el contrato

φόρος

el impuesto

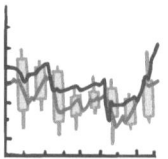

μετοχή

la acción

δουλεύω

trabajar

υπάλληλος

el empleado

εργοδότης

el empleador

εργοστάσιο

la fábrica

κατάστημα

la tienda

επαγγέλματα
las ocupaciones

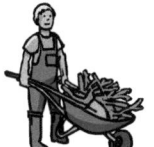

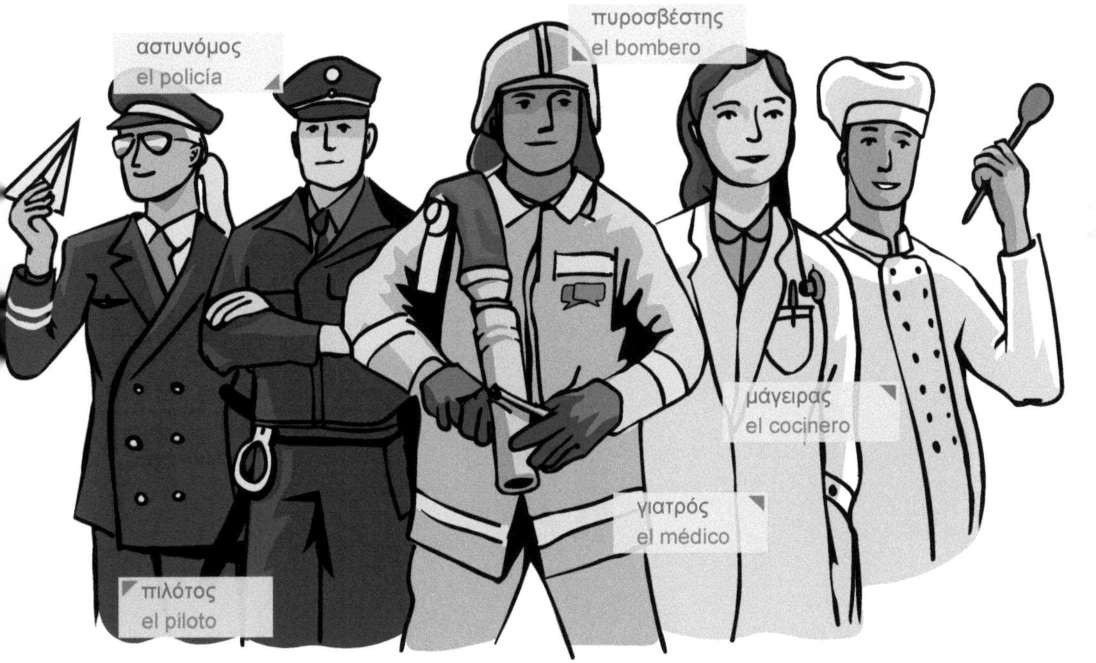
αστυνόμος
el policía
πυροσβέστης
el bombero
μάγειρας
el cocinero
γιατρός
el médico
πιλότος
el piloto

κηπουρός
el jardinero

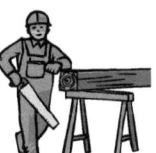

ξυλουργός
el carpintero

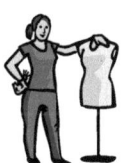

μοδίστρα
la costurera

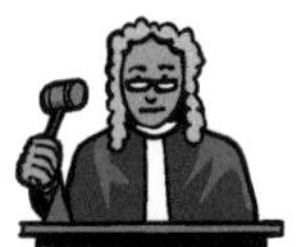

δικαστής
el juez

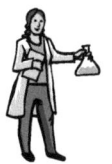

χημικός
el farmacéutico

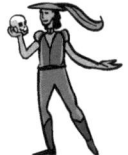

ηθοποιός
el actor

οδηγός λεωφορείου

el conductor de autobús

ταξιτζής

el taxista

ψαράς

el pescador

καθαρίστρια

la señora de la limpieza

τεχνίτης στεγών

el instalador de techos

σερβιτόρος

el camarero

κυνηγός

el cazador

ζωγράφος

el pintor

αρτοποιός

el panadero

ηλεκτρολόγος

el electricista

οικοδόμος

el obrero

μηχανολόγος

el ingeniero

κρεοπώλης

el carnicero

υδραυλικός

el plomero

ταχυδρόμος

el cartero

στρατιώτης

el soldado

αρχιτέκτονας

el arquitecto

ταμίας

el cajero

ανθοπώλης

el florista

κομμωτής

el peluquero

ελεγκτής εισιτηρίων

el cobrador

μηχανικός

el mecánico

καπετάνιος

el capitán

οδοντίατρος

el dentista

επιστήμονας

el científico

ραβίνος

el rabino

ιμάμης

el imán

μοναχός

el monje

ιερέας

el sacerdote

εργαλεία

las herramientas

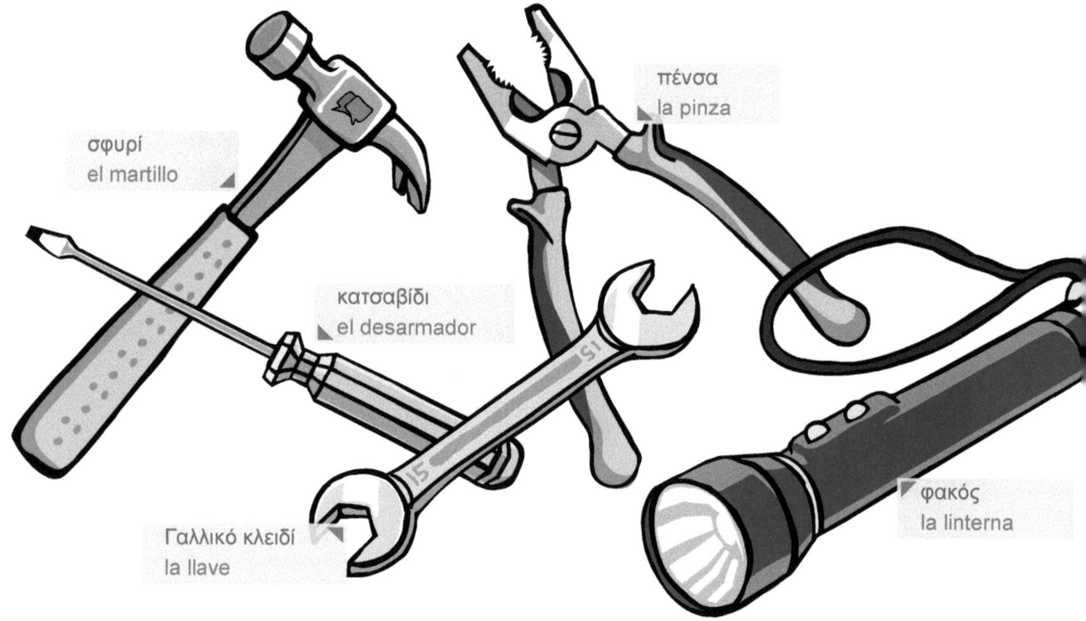

σφυρί
el martillo

πένσα
la pinza

κατσαβίδι
el desarmador

Γαλλικό κλειδί
la llave

φακός
la linterna

εκσκαφέας

la excavadora

εργαλειοθήκη

la caja de herramientas

σκάλα

la escalera de mano

πριόνι

la sierra

καρφιά

los clavos

τρυπάνι

el taladro

επισκευάζω

reparar

φτυάρι

la pala

Να πάρει!

¡Maldición!

φαράσι

el recogedor

δοχείο χρωμάτων

el bote de pintura

βίδες

los tornillos

μουσικά όργανα
los instrumentos musicales

μεγάφωνο
el altavoz

ντραμς
la batería

κιθάρα
la guitarra

κοντραμπάσο
el contrabajo

τρομπέτα
la trompeta

πιάνο

el piano

βιολί

el violín

μπάσο

el bajo

τύμπανα

los timbales

τύμπανο

el tambor

πλήκτρα

el teclado

σαξόφωνο

el saxofón

φλάουτο

la flauta

μικρόφωνο

el micrófono

μουσικά όργανα - los instrumentos musicales

ζωολογικός κήπος

el zoológico

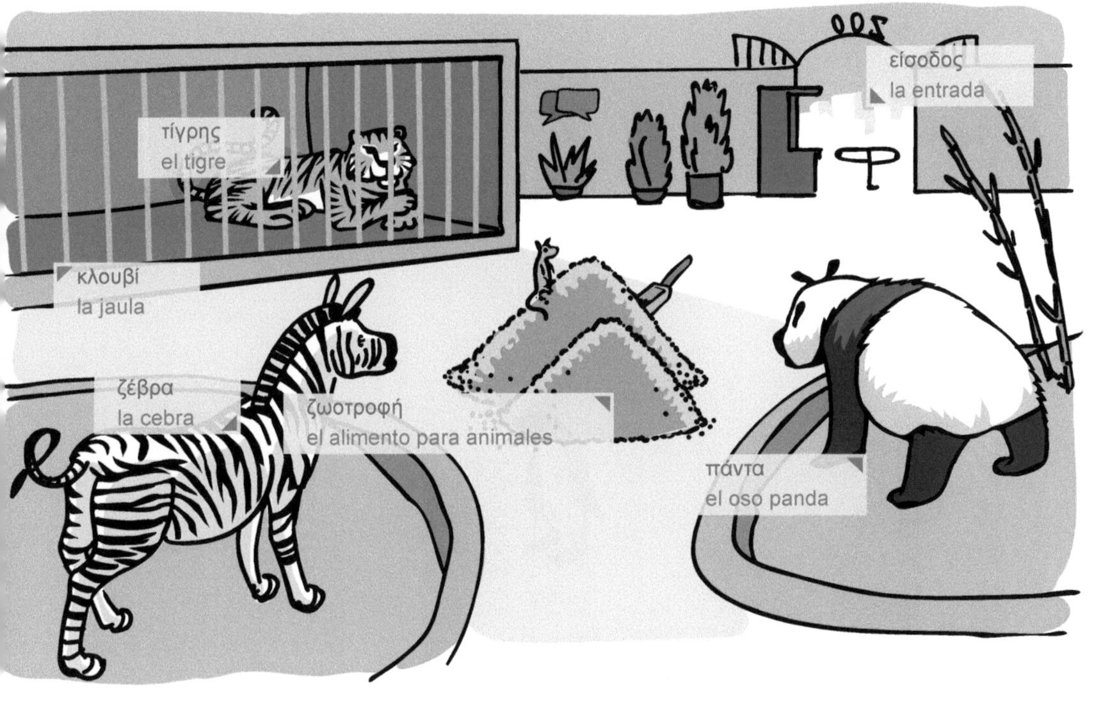

τίγρης
el tigre
είσοδος
la entrada
κλουβί
la jaula
ζέβρα
la cebra
ζωοτροφή
el alimento para animales
πάντα
el oso panda

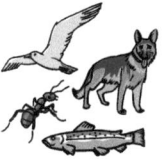

ζώα

los animales

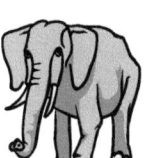

ελέφαντας

el elefante

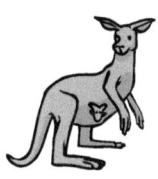

καγκουρό

el canguro

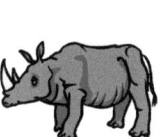

ρινόκερος

el rinoceronte

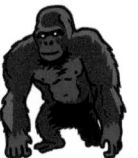

γορίλας

el gorila

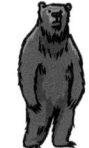

αρκούδα

el oso

καμήλα

el camello

στρουθοκάμηλος

el avestruz

λιοντάρι

el león

πίθηκος

el mono

φλαμίνγκο

el flamenco

παπαγάλος

el loro

πολική αρκούδα

el oso polar

πιγκουίνος

el pingüino

καρχαρίας

el tiburón

παγώνι

el pavo real

φίδι

la serpiente

κροκόδειλος

el cocodrilo

φύλακας ζωολογικού κήπου

el guardián de zoológico

φώκια

la foca

τζάγκουαρ

el jaguar

πόνυ

el poni

λεοπάρδαλη

el leopardo

ιπποπόταμος

el hipopótamo

καμηλοπάρδαλη

la jirafa

αετός

el águila

αγριογούρουνο

el jabalí

ψάρι

el pescado

χελώνα

la tortuga

θαλάσσιος ίππος

la morsa

αλεπού

el zorro

γαζέλα

la gacela

ζωολογικός κήπος - el zoológico

Αμερικάνικο ποδόσφαιρο
el fútbol americano

ποδηλασία
el ciclismo

αντισφαίριση
el tenis

μπάσκετ
el baloncesto

κολύμβηση
la natación

πυγχαμία
el boxeo

χόκεϋ επί πάγου
el hockey sobre hielo

ποδόσφαιρο
el fútbol

μπάντμιντον
el bádminton

στίβος
el atletismo

χάντμπολ
el handball

σκι
el esquí

πόλο
el polo

δραστηριότητες
las actividades

γελάω
reír
πηδάω
saltar
αγκαλιάζω
abrazar
περπατάω
caminar
τραγουδάω
cantar
ονειρεύομαι
soñar
προσεύχομαι
rezar
φιλάω
besar

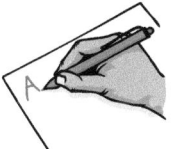

γράφω

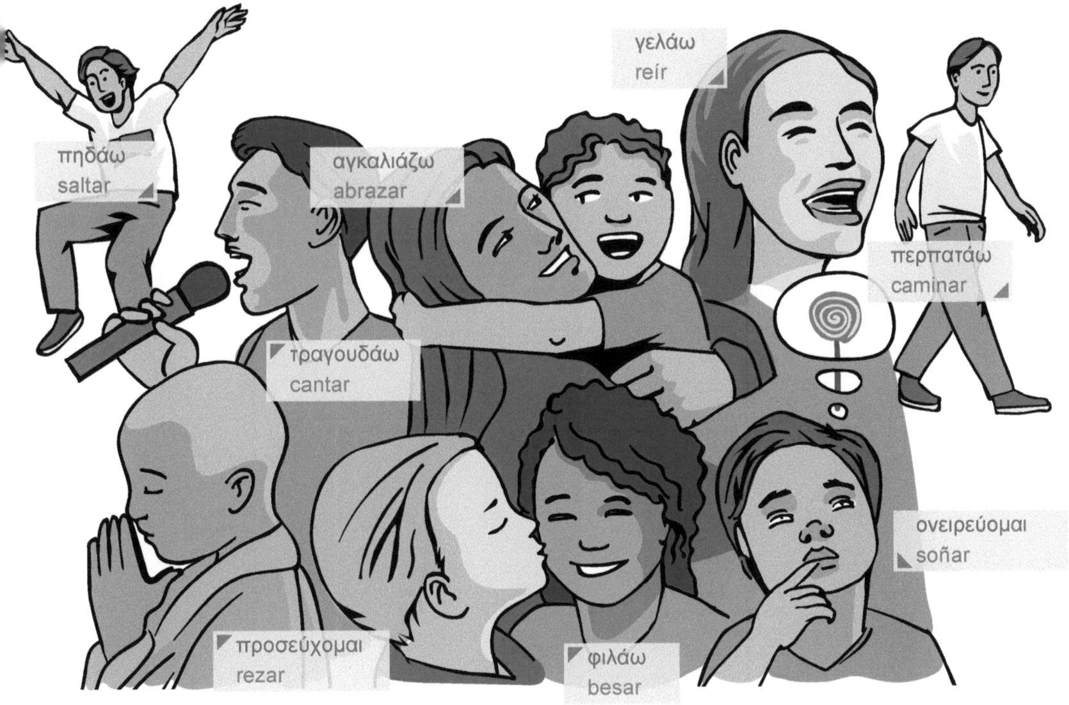

escribir

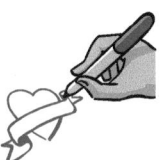

σχεδιάζω

dibujar

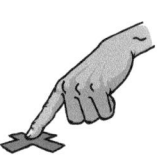

δείχνω

mostrar

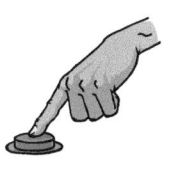

πιέζω

empujar

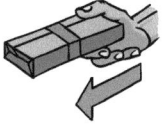

δίνω

dar

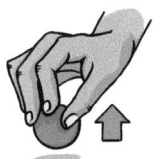

παίρνω

tomar

έχω

tener

κάνω

hacer

είμαι

ser

στέκομαι

estar parado

τρέχω

correr

τραβάω

jalar

ρίχνω

arrojar

πέφτω

caer

ξαπλώνω

estar acostado

περιμένω

esperar

κουβαλώ

llevar

κάθομαι

estar sentado

φοράω

vestirse

κοιμάμαι

dormir

ξυπνάω

despertar

κοιτάω
mirar

κλαίω
llorar

χαϊδεύω
acariciar

χτενίζω
peinar

μιλάω
hablar

καταλαβαίνω
entender

ρωτάω
preguntar

ακούω
escuchar

πίνω
beber

τρώω
comer

συγυρίζω
ordenar

αγαπάω
amar

μαγειρεύω
cocinar

οδηγώ
conducir

πετάω
volar

κάνω ιστιοπλοΐα

navegar

υπολογίζω

calcular

διαβάζω

leer

μαθαίνω

aprender

δουλεύω

trabajar

παντρεύομαι

casarse

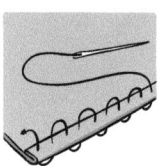

ράβω

coser

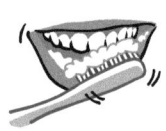

βουρτσίζω τα δόντια

cepillarse los dientes

σκοτώνω

matar

καπνίζω

fumar

στέλνω

enviar

γιαγιά
la abuela

παππούς
el abuelo

πατέρας
el padre

μητέρα
la madre

μωρό
el bebé

κόρη
la hija

γιος
el hijo

καλεσμένος

el invitado

θεία

la tía

θείος

el tío

αδελφός

el hermano

αδελφή

la hermana

σώμα

el cuerpo

μέτωπο
la frente
μάτι
el ojo
ώμος
el hombro
δάχτυλο
el dedo
πρόσωπο
la cara
πιγούνι
la barbilla
χέρι
la mano
πόδι
la pierna
στήθος
el pecho
βραχίονας
el brazo

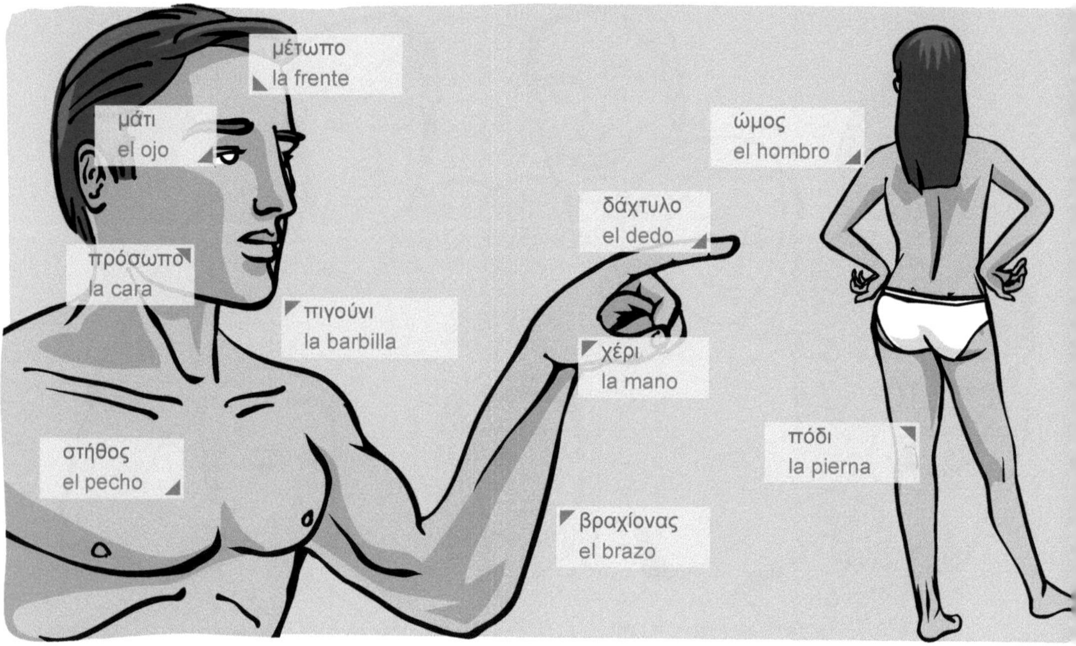

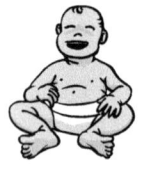

μωρό

el bebé

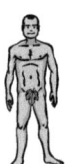

άνδρας

el hombre

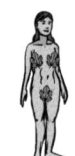

γυναίκα

la mujer

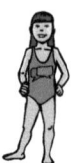

κορίτσι

la niña

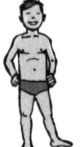

αγόρι

el niño

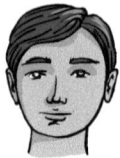

κεφάλι

la cabeza

πλάτη

la espalda

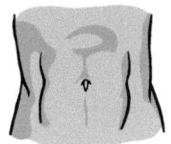

κοιλιά

la barriga

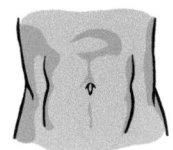

αφαλός

el ombligo

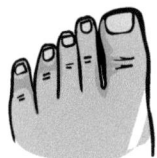

δάχτυλο ποδιού

el dedo del pie

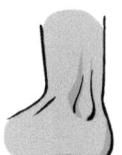

φτέρνα

el talón

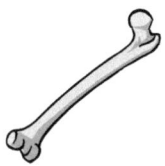

κόκκαλο

el hueso

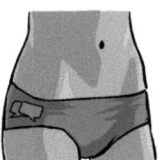

γοφός

la cadera

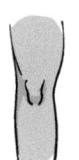

γόνατο

la rodilla

αγκώνας

el codo

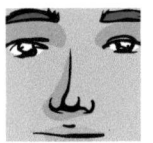

μύτη

la nariz

γλουτός

las pompis

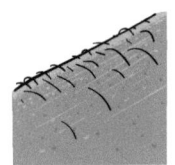

δέρμα

la piel

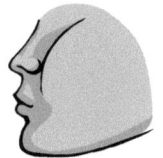

μάγουλο

la mejilla

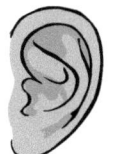

αυτί

el oído

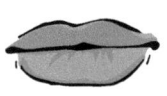

χείλος

el labio

στόμα

la boca

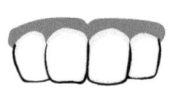

δόντι

el diente

γλώσσα

la lengua

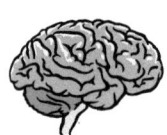

εγκέφαλος

el cerebro

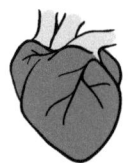

καρδιά

el corazón

μυς

el músculo

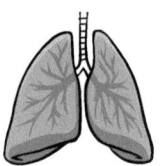

πνεύμονας

el pulmón

συκώτι

el hígado

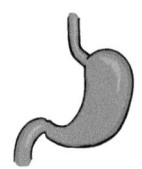

στομάχι

el estómago

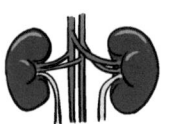

νεφρά

los riñones

σεξουαλική επαφή

el sexo

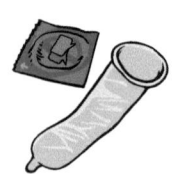

προφυλακτικό

el condón

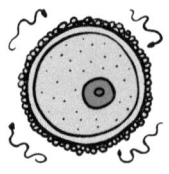

ωάριο

el óvulo

σπέρμα

el semen

εγκυμοσύνη

el embarazo

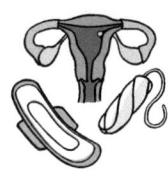

περίοδος

la menstruación

γυναικείος κόλπος

la vagina

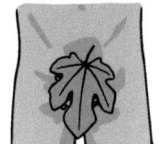

πέος

el pene

φρύδι

la ceja

μαλλιά

el cabello

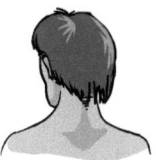

λαιμός

el cuello

νοσοκομείο
el hospital

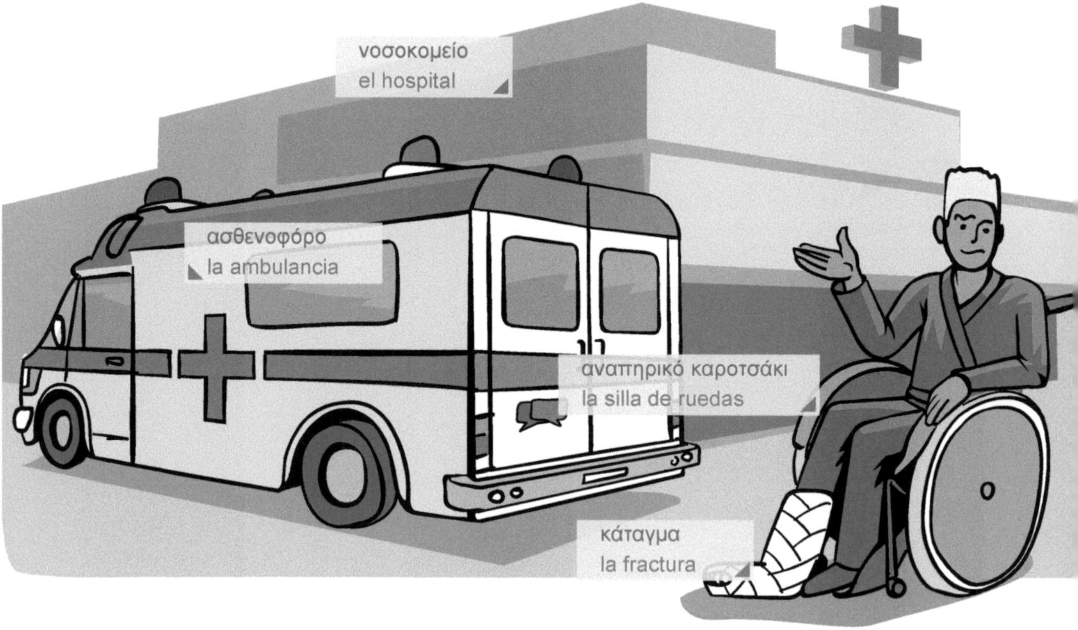

νοσοκομείο
el hospital
ασθενοφόρο
la ambulancia
αναπηρικό καροτσάκι
la silla de ruedas
κάταγμα
la fractura

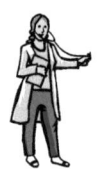

γιατρός

el médico

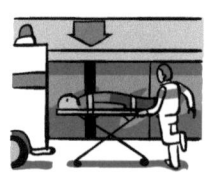

μονάδα εντατικής θεραπείας

la sala de emergencias

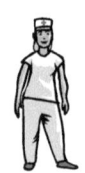

νοσοκόμα

la enfermera

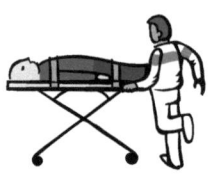

έκτακτη ανάγκη

la emergencia

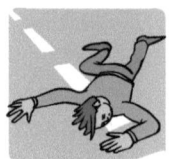

λιπόθυμος

inconsciente

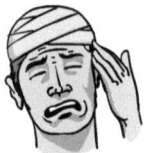

πόνος

el dolor

τραύμα

la lesión

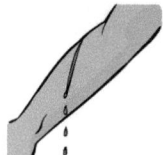

αιμορραγία

la hemorragia

έμφραγμα

el infarto

εγκεφαλικό

el accidente
cerebrovascular

αλλεργία

la alergia

βήχας

la tos

πυρετός

la fiebre

γρίπη

la gripa

διάρροια

la diarrea

πονοκέφαλος

el dolor de cabeza

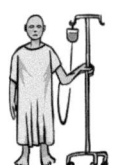

καρκίνος

el cáncer

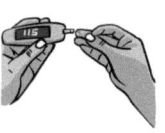

διαβήτης

la diabetes

χειρουργός

el cirujano

νυστέρι

el bisturí

εγχείρηση

la operación

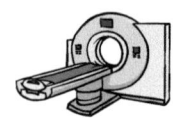

αξονική τομογραφία

TC

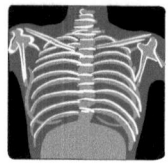

ακτινογραφία

los rayos x

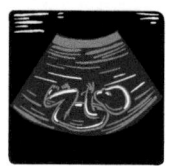

υπέρηχος

el ultrasonido

μάσκα

la mascarilla

ασθένεια

la enfermedad

αίθουσα αναμονής

la sala de espera

πατερίτσα

la muleta

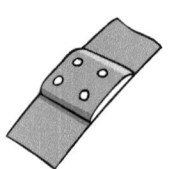

χάνσαπλαστ

la vendita

επίδεσμος

el vendaje

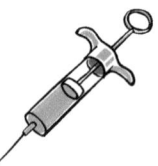

ένεση

la inyección

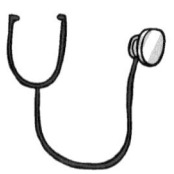

στηθοσκόπιο

el estetoscopio

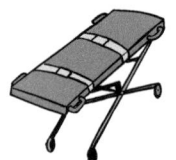

φορείο

la camilla

θερμόμετρο

el termómetro

γέννηση

el nacimiento

υπέρβαρο

el sobrepeso

ακουστικό βαρηκοΐας
el audífono

αντισηπτικό
el desinfectante

λοίμωξη
la infección

ιός
el virus

HIV/AIDS
VIH / SIDA

φάρμακο
la medicina

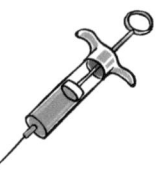

εμβολιασμός
la vacunación

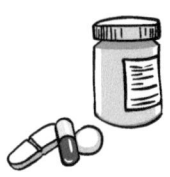

δισκία
las tabletas

χάπι
la pastilla anticonceptiva

κλήση έκτακτης ανάγκης
la llamada de emergencia

πιεσόμετρο αίματος
el medidor de presión

άρρωστος / υγιής
enfermo / sano

Βοήθεια!
¡Socorro!

συναγερμός
la alarma

βιαιοπραγία
la agresión

επίθεση
el ataque

κίνδυνος
el peligro

έξοδος κινδύνου
la salida de emergencia

Φωτιά!
¡Fuego!

πυροσβεστήρας
el extintor de incendios

ατύχημα
el accidente

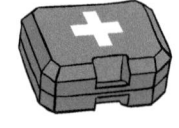

κουτί πρώτων βοηθειών
el botiquín de primeros
auxilios

SOS
SOS

αστυνομία
la policía

Ευρώπη

Europa

Βόρεια Αμερική

Norteamérica

Νότια Αμερική

Sudamérica

Αφρική

África

Ασία

Asia

Αυστραλία

Australia

Ατλαντικός Ωκεανός

el Atlántico

Ειρηνικός Ωκεανός

el Pacífico

Ινδικός Ωκεανός

el Océano Índico

Ανταρκτικός Ωκεανός

el Océano Antártico

Αρκτικός Ωκεανός

el Océano Ártico

Βόρειος Πόλος

el polo norte

Νότιος Πόλος

el polo sur

Ανταρκτική

la Antártida

Γη

la tierra

γη

la tierra

θάλασσα

el mar

νησί

la isla

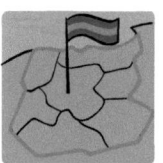

έθνος

la nación

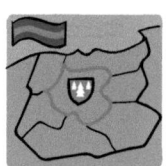

πολιτεία

el estado

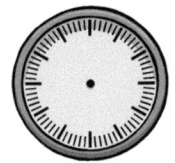

κ_α_ντράν ρολογιού
....
la esfera

ωροδείκτης
....
la manecilla de las horas

λεπτοδείκτης
....
el minutero

δείκτης δευτερολέπτων
....
el segundero

Τι ώρα είναι;
....
¿Qué hora es?

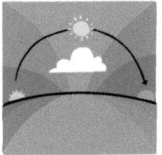

ημέρα
....
el día

χρόνος
....
la hora

τώρα
....
ahora

ψηφιακό ρολόι
....
el reloj digital

λεπτό
....
el minuto

ώρα
....
la hora

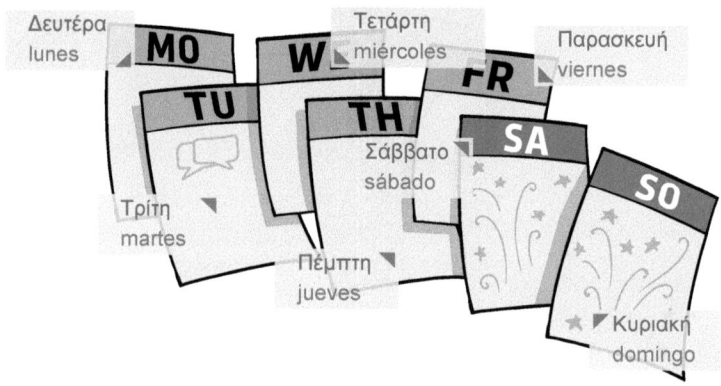

Δευτέρα
lunes

Τετάρτη
miércoles

Παρασκευή
viernes

Τρίτη
martes

Πέμπτη
jueves

Σάββατο
sábado

Κυριακή
domingo

χθες
ayer

σήμερα
hoy

αύριο
mañana

πρωί
la mañana

μεσημέρι
el mediodía

βράδυ
la tarde

εργάσιμες ημέρες
los días laborables

Σαββατοκύριακο
el fin de semana

έτος
el año

ουράνιο τόξο
el arco iris
βροχή
la lluvia
χιόνι
la nieve
άνεμος
el viento
άνοιξη
la primavera
φθινόπωρο
el otoño
καλοκαίρι
el verano
χειμώνας
el invierno

4.APRIL 11°
5.APRIL 4°
6.APRIL 13°
7.APRIL 8°
8.APRIL 10°

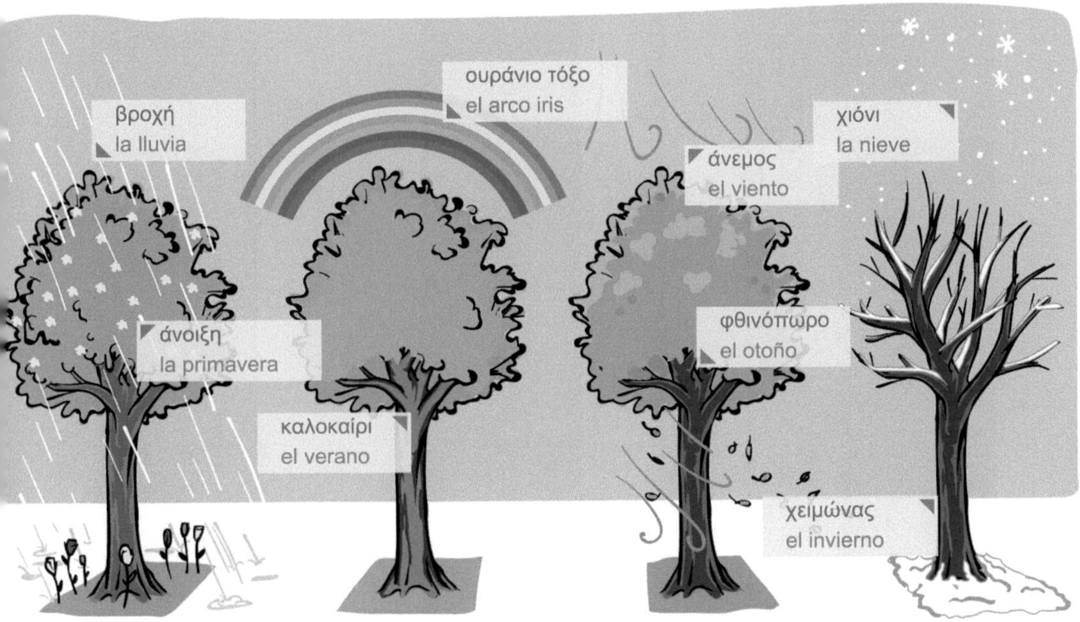

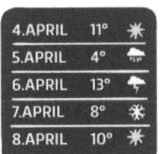

πρόγνωση καιρού
....
el pronóstico del tiempo

F
C
120
90
60
30
0
-30
40
30
20
10
0
-10
-20

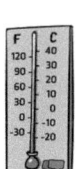

θερμόμετρο
....
el termómetro

λιακάδα
....
el sol

σύννεφο
....
la nube

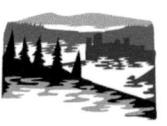

ομίχλη
....
la niebla

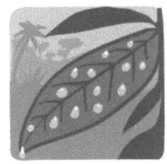

υγρασία
....
la humedad

αστραπή

el rayo

κεραυνός

el trueno

καταιγίδα

la tormenta

χαλάζι

el granizo

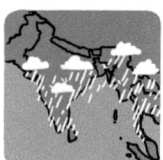

μουσώνας

el monzón

πλημμύρα

la inundación

πάγος

el hielo

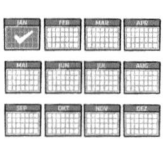

Ιανουάριος

enero

Φεβρουάριος

febrero

Μάρτιος

marzo

Απρίλιος

abril

Μάιος

mayo

Ιούνιος

junio

Ιούλιος

julio

Αύγουστος

agosto

Σεπτέμβριος

septiembre

Οκτώβριος

octubre

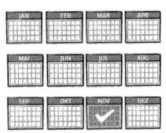

Νοέμβριος

noviembre

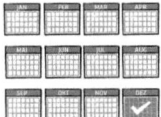

Δεκέμβριος

diciembre

σχήματα
las formas

κύκλος

el círculo

τετράγωνο

el cuadrado

ορθογώνιο
παραλληλόγραμμο
el rectángulo

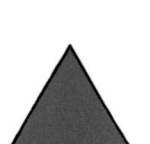

τρίγωνο

el triángulo

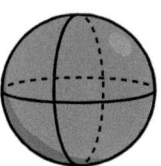

σφαίρα

la esfera

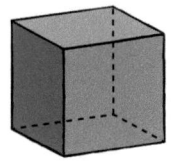

κύβος

el cubo

άσπρο

blanco

κίτρινο

amarillo

πορτοκαλί

naranja

ροζ

rosa

κόκκινο

rojo

μωβ

morado

μπλε

azul

πράσινο

verde

καφέ

marrón

γκρι

gris

μαύρο

negro

πολύ / λίγο

mucho / poco

θυμωμένος / ήρεμος

enojado / tranquilo

όμορφος / άσχημος

bonito / feo

αρχή / τέλος

principio / fin

μεγάλος / μικρός

grande / pequeño

φωτεινός / σκοτεινός

claro / oscuro

αδελφός / αδελφή

el hermano / la hermana

καθαρός / λερωμένος

limpio / sucio

πλήρης / ατελής

completo / incompleto

ημέρα / νύχτα

el día / la noche

νεκρός / ζωντανός

muerto / vivo

φαρδύς / στενός

ancho / angosto

βρώσιμος / μη βρώσιμος

comestible / no comestible

κακός / ευγενικός

malo / amable

ενθουσιασμένος / βαριεστημένος

entusiasmado / aburrido

παχύς / λεπτός

gordo / delgado

πρώτος / τελευταίος

primero / último

φίλος / εχθρός

el amigo / el enemigo

γεμάτος / άδειος

lleno / vacío

σκληρός / μαλακός

duro / blando

βαρύς / ελαφρύς

pesado / ligero

πείνα / δίψα

el hambre / la sed

άρρωστος / υγιής

enfermo / sano

παράνομος / νόμιμος

ilegal / legal

έξυπνος / χαζός

inteligente / tonto

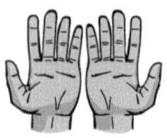

αριστερός / δεξιός

izquierda / derecha

κοντινός / μακρινός

cerca / lejos

καινούριος /
μεταχειρισμένος

nuevo / usado

τίποτα / κάτι

nada / algo

αναμμένος / σβηστός

encendido / apagado

ανοιχτός / κλειστός

abierto / cerrado

χαμηλόφωνος /
μεγαλόφωνος
silencioso / ruidoso

πλούσιος / φτωχός

rico / pobre

σωστός / λανθασμένος

correcto / incorrecto

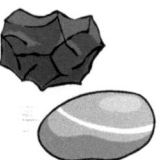

τραχύς / λείος

áspero / suave

λυπημένος / χαρούμενος

triste / contento

κοντός / μακρύς

corto / largo

αργός / γρήγορος

lento / rápido

υγρός / στεγνός

húmedo / seco

ζεστός / δροσερός

caliente / frío

πόλεμος / ειρήνη

guerra / paz

0	**1**	**2**
μηδέν	ένα	δύο
cero	uno	dos

3	**4**	**5**
τρία	τέσσερα	πέντε
tres	cuatro	cinco

6	**7**	**8**
έξι	εφτά	οκτώ
seis	siete	ocho

9	**10**	**11**
εννιά	δέκα	έντεκα
nueve	diez	once

12

δώδεκα

doce

13

δεκατρία

trece

14

δεκατέσσερα

catorce

15

δεκαπέντε

quince

16

δεκαέξι

dieciséis

17

δεκαεφτά

diecisiete

18

δεκαοκτώ

dieciocho

19

δεκαεννέα

diecinueve

20

είκοσι

veinte

100

εκατό

cien

1.000

χίλια

mil

1.000.000

εκατομμύριο

el millón

Αγγλικά

el inglés

Αμερικάνικα Αγγλικά

el inglés americano

Μανδαρίνικα Κινέζικα

el chino mandarín

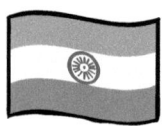

Χίντι

el hindi

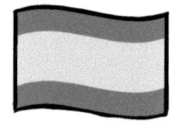

Ισπανικά

el español

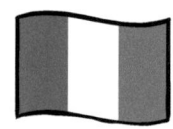

Γαλλικά

el francés

Αραβικά

el árabe

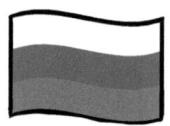

Ρώσικα

el ruso

Πορτογαλικά

el portugués

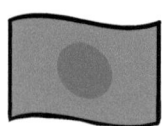

Μπενγκάλι

el bengalí

Γερμανικά

el alemán

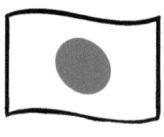

Ιαπωνικά

el japonés

εγώ

yo

εσύ

tú

αυτός / αυτή / αυτό

él / ella

εμείς

nosotros

εσείς

vosotros

αυτοί / αυτές / αυτά

ellos

ποιος / ποια / ποιο;

¿quién?

τι;

¿qué?

πώς;

¿cómo?

πού;

¿dónde?

πότε;

¿cuándo?

όνομα

el nombre

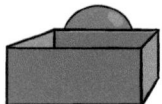

πίσω

detrás

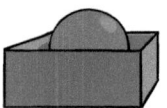

μέσα

en

μπροστά

delante de

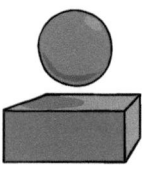

πάνω από

por encima de

πάνω

sobre

κάτω

debajo de

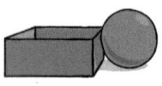

δίπλα

junto a

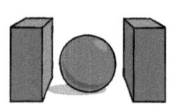

ανάμεσα

entre

μέρος

el lugar